thèmes & études
collection dirigée par Bernard Valette

Parnasse, Symbolisme Esprit nouveau

Laurence Campa
Maître de conférences
à l'Université de Paris XII

Dans la même collection

* *Des mythes aux mythologies* par Christophe CARLIER et Nathalie GRITON-ROTTERDAM, 1994.
* *Le Roman réaliste et naturaliste* par Georges BAFARO, 1995.
* *Le Romantisme* par Gérard GENGEMBRE, 1995.
* *Maîtriser le vocabulaire français* par Véronique ANGLARD, 1995.
* *Lectures méthodiques* par Nathalie ALBOU et Françoise RIO, 1995.
* *Le Théâtre français du XXe siècle* par Franck EVRARD, 1995.
* *Littérature et Psychanalyse* par Paul-Laurent ASSOUN, 1996.
* *La Poésie en France du surréalisme à nos jours* par Marie-Claire BANCQUART, 1996.
* *Le Théâtre français du XIXe siècle* par Louis ARSAC, 1996.
* *Littérature baroque et Littérature classique au XVIIe siècle* par Paul-Henry ROJAT, 1996.
* *« La vie est un songe » de Calderón ou le Théâtre de l'Hipppogriffe* par Pierre BRUNEL, 1996.
* *Le Nouveau Roman* par Roger-Michel ALLEMAND, 1996.
* *L'Autobiographie* par Damien ZANONE, 1996.
* *Le Théâtre antique* par Olivier GOT, 1997.
* *Le Surréalisme* par Aude PRÉTA-DE BEAUFORT, 1997.
* *Le Roman grec et latin* par Étienne WOLFF, 1997.
* *L'Épopée* par Georges BAFARO, 1997.
* *La Clef des contes* par Christophe CARLIER, 1998.
* *Le Théâtre français du XVIIIe siècle* par André BLANC, 1998.

ISBN 2-7298-6789-9

© ellipses / édition marketing S.A., 1998
32 rue Bargue, Paris (15e).

La loi du 11 mars 1957 n'autorisant aux termes des alinéas 2 et 3 de l'Article 41, d'une part, que les « copies ou reproductions strictement réservées à l'usage privé du copiste et non destinées à une utilisation collective », et d'autre part, que les analyses et les courtes citations dans un but d'exemple et d'illustration, « toute représentation ou reproduction intégrale, ou partielle, faite sans le consentement de l'auteur ou de ses ayants droit ou ayants cause, est illicite ». (Alinéa 1er de l'Article 40).
Cette représentation ou reproduction, par quelque procédé que ce soit, sans autorisation de l'éditeur ou du Centre français d'Exploitation du Droit de Copie (3, rue Hautefeuille, 75006 Paris), constituerait donc une contrefaçon sanctionnée par les Articles 425 et suivants du Code pénal.

Avant-propos

à Stéphane Audeguy

Pour faire l'histoire de la poésie française de la naissance du Parnasse à l'avènement de l'Esprit nouveau, nous avons reconstitué le contexte dans lequel sont nés les courants et les œuvres, et nous avons essayé de maintenir l'équilibre entre la place donnée aux poètes par l'histoire littéraire actuelle et l'importance qu'ils avaient en leur temps. La production poétique de cette période est particulièrement féconde et variée. Jusqu'à la fin du XIXe siècle, les mouvements poétiques dominants — Parnasse, Décadence, Symbolisme — drainent des personnalités et des esthétiques très diverses. Les exceptions sont toujours de règle ; quant aux règles, elles sont souvent vagues, parfois inexistantes. Les poètes se rassemblent autour de quelques valeurs essentielles tout en poursuivant leur quête personnelle. À l'aube du XXe siècle, le monde poétique explose en une myriade de constellations, si bien que les contemporains ressentent immédiatement le besoin de faire des classements.

À notre tour, nous avons tenté d'ordonner le chaos sans trahir la complexité des faits. Un courant littéraire ne meurt pas dès que le courant suivant voit le jour ; les mouvements se superposent, convergent et divergent. Les histoires du Parnasse, du Symbolisme et de l'Esprit nouveau sont étroitement liées les unes aux autres. Les écrivains changent quelquefois de bannières, reviennent en arrière ou vont de l'avant. Les grands poètes — Gautier, Verlaine, Mallarmé, Apollinaire — se distinguent toujours des mouvements qu'ils ont accompagnés ou parrainés. Les œuvres se dérobent souvent à toute tentative de classification. Pour faire entrer la poésie de cette époque dans le cadre limité de notre ouvrage, nous avons dû faire des choix. Nous espérons cependant avoir réussi à suggérer la richesse et le dynamisme du monde poétique.

Nous avons également pris l'histoire littéraire au pied de la lettre. Cette histoire, qui ne comporte ni début ni fin, ni chute ni rédemption, est pleine de luttes, de vies, de morts, de renaissances et de métamorphoses. Elle raconte l'invention et la création perpétuelles de la poésie. Située entre deux grandes révolutions artistiques — le Romantisme et le Surréalisme — la période qui nous occupe n'est pas une simple transition et ne représente pas seulement la gestation de la modernité. Elle se suffit aussi à elle-même, grâce à son extraordinaire vitalité.

Première partie

Les Parnassiens, fils prodigues du Romantisme

Il n'y a vraiment de beau que ce qui ne peut servir à rien ; tout ce qui est utile est laid.

(Gautier, Préface à *Mademoiselle de Maupin*, 1836)

Le Rêve (1883), Puvis de Chavannes.

I – La naissance du *Parnasse contemporain*

A – Pour la petite histoire

Au début de l'année 1866, dans l'arrière-boutique de l'éditeur Lemerre, 47 passage Choiseul à Paris, règne une certaine effervescence. À l'instigation de Catulle Mendès et de Louis-Xavier de Ricard, quelques jeunes poètes préparent la publication d'une anthologie poétique dont le titre reste à trouver. Qui lança : « Le Parnasse contemporain » ? Fut-ce Mendès, comme il l'affirmera quelques années plus tard ? Fut-ce Ricard, qui accusera Mendès d'avoir usurpé la paternité de l'appellation ? Ce ne fut peut-être ni l'un ni l'autre... Le nom « Parnasse » fait référence à la montagne de Phocide consacrée à Apollon et aux Muses ; il a longtemps servi à désigner des recueils de vers ou des dictionnaires poétiques (*Gradus ad Parnassum*). Il rappelle l'attachement des poètes de 1866 à la tradition, et la valeur qu'ils accordent au métier poétique. Mais leur poésie n'est pas une simple imitation des Anciens ; c'est pourquoi l'anthologie s'intitule précisément : *Le Parnasse contemporain, recueil de vers nouveaux*. La publication s'échelonne en cinq livraisons, de mars à juin 1866. Ceux qu'on n'appelle pas encore les Parnassiens ont demandé et obtenu le soutien de leurs maîtres : Théophile Gautier, Théodore de Banville, Charles Leconte de Lisle et Charles Baudelaire. Ils avaient également fait appel au grand Hugo, qui, arguant d'un contrat d'exclusivité avec son éditeur, s'était désisté. Au sommaire du premier recueil figurent, entre autres noms, ceux de José-Maria de Heredia, de François Coppée, de Léon Dierx, de Sully Prudhomme, de Mendès et de Ricard, qui vont devenir les personnalités les plus marquantes du Parnasse. Le lecteur fait aussi la connaissance de débutants très prometteurs : Stéphane Mallarmé, Paul Verlaine et Jean-Marie-Auguste Villiers de l'Isle-Adam. La nouvelle Pléiade compte au total trente-sept poètes.

Les poèmes publiés sont, de l'avis même des fondateurs du *Parnasse*, de qualité inégale. Le volume initial étant trop mince, on a dû solliciter les « seconds couteaux » du second Romantisme, comme Piedaguel, Fertiault, Vacquerie et Coran. Le Parnasse reçoit cependant un accueil favorable, quoique les détracteurs ne manquent pas. Les nouveaux poètes sont d'abord qualifiés de « stylistes » et de « formistes », puis de « Parnassiens », sobriquet qui devient leur nom officiel. Forts de leur succès, ils préparent une deuxième livraison pour 1869. Les discussions vont bon train dans les salons de Nina de Callias, de Leconte de Lisle et de Ricard, et dans les cafés des Batignolles. Mais les événements de 1870 retardent la publication du second recueil, qui paraît en 1871 et compte cinquante-six collaborateurs. Vingt-quatre d'entre eux faisaient déjà partie du premier *Parnasse*. Parmi les nouveaux venus se trouvent Sainte-Beuve, Albert Glatigny et Charles Cros. L'importance du Parnasse dans le monde littéraire se confirme. En 1876, paraît le troisième et dernier volume du *Parnasse contemporain*, auquel collaborent soixante-trois poètes. Les grands Parnassiens règnent toujours en maîtres ; mais Cros, Verlaine et Mallarmé ont disparu : le comité de lecture, formé d'Anatole France, de Coppée et de Banville, refuse de les publier à nouveau. Coppée estime que la poésie de Cros est « ridicule ». Verlaine et France, très amis jusqu'en 1870, se sont brouillés au sujet de la Commune. Mallarmé, qui avait rencontré Mendès par l'intermédiaire de son maître et ami parnassien Emmanuel des Essarts, avait publié des poèmes d'inspiration baudelairienne dans le premier *Parnasse* ; mais il avait eu beaucoup de mal à faire accepter dans le deuxième recueil les fruits de son audacieuse recherche personnelle : les fragments d'« Hérodiade ». Dans le troisième *Parnasse*, Lemerre, jaloux de ses prérogatives, réussit à imposer certains noms obscurs. Il y a beaucoup d'inconnus ; retenons les noms d'Amédée Pigeon, qui s'illustrera modestement pendant le Symbolisme, de Maurice Rollinat, qui aura son heure de gloire au cabaret du Chat noir, et de Gabriel Vicaire, qui fera paraître quelques années plus tard, avec Henri Beauclair, *Les Déliquescences d'Adoré Floupette*, recueil pastichant la poésie décadente.

Le Parnasse contemporain s'impose rapidement comme une institution littéraire majeure ; y collaborer devient un moyen de se faire éditer. Le 24 mai 1870, un tout jeune poète en mal de publication implore Banville d'accepter ses vers : « si je vous envoie quelques-uns de ces vers […] c'est que j'aime tous les poètes, tous les bons Parnassiens, — puisque le poète est un Parnassien, — épris de la beauté idéale […] Anch'io, messieurs du journal, je serai Parnassien ! » Ce jeune enthousiaste de dix-sept ans s'appelle Arthur Rimbaud. Grâce à Georges Izambard, il vient de découvrir les Parnassiens et rêve de se faire publier par eux. Mais « *Credo in unam* » (le futur « Soleil et chair »), inspiré de Banville, « Sensation » et « Ophélie » ne figureront jamais dans *Le Parnasse*.

Les trois volumes du *Parnasse contemporain* surprennent le lecteur par leur hétérogénéité. L'univers intimiste et le vers suggestif, sinueux et musical de Verlaine voisinent avec l'inspiration antique et l'alexandrin rigoureux de Heredia. L'humour d'Ernest d'Hervilly succède au didactisme de Sully Prudhomme. Quand Léon Valade s'épanche, Louis Ménard reste imperturbable. C'est que le Parnasse s'est toujours défendu d'être une école avec un programme. Catulle Mendès le rappelle dans *La Légende du Parnasse contemporain* (1884) : « Attirés les uns vers les autres par leur commun amour de l'art, unis dans le respect des maîtres et dans une égale foi en l'avenir, ils ne prétendaient en aucune façon s'engager à suivre une voie unique... Aucun mot d'ordre, aucun chef, toutes les personnalités absolument libres... ». En 1898, se penchant sur le passé, Ricard affirme : « Qu'avions-nous en commun pour nous unir ? Une formule ! — et pas plus ! Mais une formule si large que l'évolution personnelle d'aucun de nous n'en fut entravée ni même gênée [...] » (*Petits Mémoires d'un Parnassien*). Quel esprit commun anime des poètes si divers ?

B – Les pères du Parnasse

L'histoire du Parnasse commence en vérité quelques années avant 1866. Plusieurs Parnassiens s'étaient connus dans les milieux littéraires : ils fréquentaient les salons de Virginie Ancelot et des parents Ricard. Certains d'entre eux — Auguste Vacquerie, Champfleury, Gautier, Banville, Léon Cladel, Louise Colet, Louis Bouilhet — avaient collaboré à la *Revue fantaisiste* fondée en 1861 par Catulle Mendès. À la même époque, Ricard dirigeait *La Revue du progrès*, organe politique et littéraire républicain, où paraissaient les premiers vers de Verlaine. En 1865, Ricard lance un journal hebdomadaire, *L'Art*, qui publie des textes de Dierx, de Verlaine, de Mendès, d'Antoni Deschamps et de Leconte de Lisle.

Le Parnasse contemporain met au premier plan des revendications antérieures à sa naissance. À la suite de Gautier et de Leconte de Lisle, la jeune génération entreprend d'attaquer le lyrisme « débraillé » et complaisant de tous ceux, épigones de Lamartine et de Musset, qui font étalage du moindre mouvement de leur âme. Ils s'en prennent également aux saint-simoniens de tous ordres, aux défenseurs de l'art utile et aux zélateurs de l'école du bon sens qui subordonnent la poésie à la politique, à l'histoire et à la pédagogie. Ils fustigent le laisser-aller de la versification actuelle, qui ne cesse de trahir l'esprit du vers français en se permettant toutes sortes de licences et d'approximations. Ils défendent en revanche la perfection formelle, l'austérité de l'inspiration et l'idéal de l'art pour l'art. Toutes ces idées avaient déjà été diversement exprimées par les maîtres du Parnasse. Les Parnassiens les reprennent à leur compte, de diverses manières, ce qui cimente leur cohésion et accentue leurs divergences.

À cette époque, tout poète se réfère inévitablement à Hugo ; plus qu'à toute autre œuvre du grand écrivain, les Parnassiens doivent aux *Orientales* (1829), qui ont influencé Leconte de Lisle, cet autre père du Parnasse. *Les Orientales* sont d'abord une œuvre impersonnelle, très différente des *Feuilles d'automne* et des *Contemplations*. Comme les anthologies du *Parnasse contemporain*, le recueil néglige l'histoire de l'âme du poète au profit de la description et du récit.

Les Orientales sont aussi, selon l'expression de Hugo dans sa préface, « un livre inutile de pure poésie ». Cette inutilité, Gautier et les Parnassiens la revendiquent pour leurs œuvres. Hugo trouve son inspiration dans l'Histoire : il s'intéresse au passé ancien mais aussi au passé récent et à l'actualité de la Grèce, de l'Espagne et du Proche-Orient. Il recourt à la couleur locale, chère aux Romantiques, et à l'épopée. Leconte de Lisle le suit dans cette voie dans les *Poèmes barbares* mais l'origine des civilisations le captive davantage que le passé immédiat des nations ; la plupart des Parnassiens préfèrent, quant à eux, ignorer l'Histoire et situer leurs œuvres dans l'*illud tempus* des mythes antiques ou indiens. La manière de Heredia, dans la section des *Trophées* (1893) intitulée *Les Conquérants*, est plus proche de l'héroïsation de Leconte de Lisle que du grandissement épique hugolien : ses poèmes se présentent comme des panégyriques.

***Les Trophées*, 1893**
Heredia

LES CONQUÉRANTS

Comme un vol de gerfauts hors du charnier natal,
Fatigués de porter leurs misères hautaines,
De Palos, de Moguer, routiers et capitaines
Partaient, ivres d'un rêve héroïque et brutal.

Ils allaient conquérir le fabuleux métal
Que Cipango mûrit dans ses mines lointaines,
Et les vents alizés inclinaient leurs antennes
Aux bords mystérieux du monde occidental.

Chaque soir, espérant des lendemains épiques,
L'azur phosphorescent de la mer des Tropiques
Enchantait leur sommeil d'un mirage doré ;

Ou, penchés à l'avant des blanches caravelles,
Ils regardaient monter en un ciel ignoré
Du fond de l'Océan des étoiles nouvelles.

Cependant, dans deux autres sections du même recueil, Les Conquérants de l'or et Romancero, Heredia, en s'inspirant de Camões, qu'il paraphrase à l'occasion, donne un souffle épique à ses vers.

Les Orientales se fondent sur l'exotisme et sur le pittoresque. Couleurs, formes, images et sensations rappellent sans cesse l'étymologie du mot « pittoresque » ; l'art de peindre est en effet une caractéristique essentielle du recueil. D'Hervilly fait partie des Parnassiens qui affectionnent le pittoresque et qui n'hésitent pas à se transporter dans le cadre exotique des pays lointains. Léon Dierx se plaît à évoquer sa terre natale, l'île de Bourbon (La Réunion). Mais la plupart des poètes de 1866 préfèrent la froideur marmoréenne de la statuaire aux chamarrures orientales. Quoi qu'il en soit, l'orient du Parnasse est le plus souvent livresque, mythique, religieux et exemplaire.

Les Parnassiens ont, en tout état de cause, plus d'affinités avec Gautier qu'avec Hugo. Ce dernier appartient à la première génération romantique, qui octroie au poète visionnaire une mission sociale et historique. Gautier fait partie de la génération de 1830, celle du désenchantement. Dégoûté de son temps, Gautier voit dans l'art une consolation et fait de la Beauté un rempart contre la vulgarité de la foule et les prétentions de la politique. Les Parnassiens partagent sa haine du bourgeois, son pessimisme et son culte de l'art. Gautier n'est pas à l'origine de l'expression désormais proverbiale : « l'art pour l'art ». Il n'a cependant cessé de proclamer l'inutilité de l'art et la supériorité de la beauté artistique sur la beauté naturelle. Il a donné aux Parnassiens le goût de la peinture et de la sculpture, incarnations de la beauté idéale, plus parfaites que les réalités brutes : « J'ai toujours préféré le tableau à l'objet qu'il représente », déclare-t-il dans la préface de Jeunes-France (1833). L'art poétique des Parnassiens s'exprime tout entier dans le poème qui clôture Émaux et camées (1852) :

L'ART
[...]
Tout passe. — L'art robuste
Seul a l'éternité.
   Le buste
Survit à la cité.

Et la médaille austère
Que trouve un laboureur
   Sous terre
Révèle un empereur.

Les dieux eux-mêmes meurent,
Mais les vers souverains
   Demeurent
Plus forts que les airains.

Sculpte, lime, cisèle ;
Que ton rêve flottant
   Se scelle
Dans le bloc résistant !

Mais s'il refuse l'épanchement complaisant, s'il est un poète « impeccable », selon le mot de son admirateur Baudelaire (*Les Fleurs du mal* (1857) sont dédiées à Gautier), s'il est particulièrement soucieux de la forme, Gautier sait aussi se montrer pittoresque, humoristique et désinvolte. *Albertus* (1832), recueil à l'inspiration fantastique et macabre, retient moins l'attention des Parnassiens que *Émaux et camées*, dont les poèmes se font bijoux et tableaux. Les disciples développent plus que leur maître l'obsession formelle et l'impassibilité.

Les Parnassiens admirent également Baudelaire. Cela peut paraître surprenant puisqu'il y a chez Baudelaire beaucoup d'éléments étrangers à la poésie parnassienne. Son lyrisme personnel, direct, violent et inquiet, délaisse les savoirs mythologiques, philologiques et historiques ; il prend sa source dans les luttes intérieures du poète, dans l'imagination (« la reine des facultés ») et dans la vie moderne. L'esthétique baudelairienne cherche « l'éternel dans le transitoire » : pour qui sait l'observer, la vie parisienne moderne prend une dimension épique, héroïque et profondément humaine. Baudelaire, comme les Parnassiens, cherche à atteindre l'idéal. Mais chez Baudelaire, cet idéal entre en conflit avec le spleen, né du Mal et de l'Ennui. Le spleen et l'idéal ne sont pas deux mondes étanches. Pour atteindre le second, le poète doit d'abord plonger dans le premier puis s'en arracher. En effet, les voies de l'idéal sont aussi celles du spleen : l'amour, la révolte et le goût tragique de l'infini. L'art et la mort se révèlent les composantes majeures de l'« alchimie de la douleur », qui transforme la boue en or et fait éclore des fleurs poétiques dangereuses sur le terreau du Mal.

Malgré ces divergences, Baudelaire influence les jeunes poètes : il leur apprend à purifier la poésie de tout élément adventice, notamment du didactisme — Coppée et Prudhomme ne l'entendront pas de cette oreille ; il leur révèle le but essentiel du poète : la recherche de la beauté supérieure. Le travail formel de Baudelaire suscite l'admiration des contemporains. Refusant de se laisser guider par l'inspiration brute, Baudelaire proclame la fécondité de la contrainte et voit dans la parfaite maîtrise de la forme le triomphe du poète sur le chaos de la matière. Dans les recueils du *Parnasse contemporain*, les poètes qui doivent directement à l'esthétique baudelairienne sont peu nombreux. Il n'est pas étonnant que Mallarmé soit de ceux-là : Baudelaire aura plus d'influence sur les Symbolistes qu'il n'en a sur les Parnassiens. Sa « théorie » des correspondances guide le jeune Mallarmé sur la voie de la suggestion symboliste, pendant que les Parnassiens s'en tiennent à des analogies plus rudimentaires.

Les deux maîtres les plus proches de leurs disciples sont Banville et Leconte de Lisle. Le premier publie en 1872 le *Petit Traité de poésie française*, qui confère à la rime un rôle central dans la création poétique et qui réhabilite les formes fixes traditionnelles. L'ouvrage est bien accueilli par les poètes de l'époque, mais il sera violemment attaqué par les Symbolistes, puis par Apollinaire, qui accuseront Banville de réduire l'art du poète à la technique du rimeur. Banville puise son inspiration chez les poètes de l'Antiquité, du Moyen Âge et de la Renaissance, mais aussi chez Gautier, Hugo et Baudelaire. Il aime les formes fixes (odes antiques, rondeaux à la manière de Charles d'Orléans) ; ses recherches formelles ne sont pas sans rappeler celles de Marot et des Grands Rhétoriqueurs, dont il se réclame. Chez lui, le souci formel n'engendre pas forcément la froideur, fréquente chez les Parnassiens :

LEÇON DE CHANT
Moi, je regardais ce cou-là.
Maintenant chantez, me dit Paule.
Avec des mines d'Attila,
Moi, je regardais ce cou-là.
Puis, un peu de temps s'écoula…
Qu'elle était blanche, son épaule !
Moi, je regardais ce cou-là ;
Maintenant chantez, me dit Paule.
(*Odes funambulesques*, 1857)

Dans la préface des *Stalactites* (1846), Banville affirme qu'il a ajouté, afin d'être plus proche de la nature, « une certaine mollesse » à son « style primitivement taillé à angles trop droits et trop polis ». Cette « mollesse » naît principalement du thème abordé, de l'humour et du recours à la chanson populaire. Dans les *Odes funambulesques* (1857), Banville va plus loin : à l'instar des Romantiques et de Hugo, il allie le lyrique et le bouffon. L'effet comique provient essentiellement de la rime (« Erato / rateau », par exemple), mais aussi du sujet et de l'intention parodique. Pour Banville en effet, l'art, arrivé à son apogée, doit s'affirmer par la parodie. Celle-ci se manifeste dès l'ouverture du recueil, où le poète apparaît sous les traits fantaisistes d'un saltimbanque, et plus précisément d'un funambule. Par le burlesque et la parodie, Banville prend ses distances avec l'esthétique romantique. Quand il choisit un point de départ prosaïque — une grisette, un spectacle de bal ou de foire —, il n'est pas réaliste. Il part de l'imagerie populaire et la transforme, l'ennoblit grâce aux métaphores et aux comparaisons puisées aux sources traditionnelles. Voici comment il glose son poème « Monsieur Homais » : « Flaubert a amalgamé les créations de Monnier et de Daumier, et il en a fait un bonhomme à la Michel-Ange ». En d'autres termes, Banville veut donner à la caricature et à la satire une dimension sublime.

La réputation dont Banville jouit auprès de la jeune génération est incontestable. Glatigny, comédien errant et poète dilettante, se souvient des leçons du maître dans ses évocations douces-amères des troupes de théâtre ambulant. Le jeune Verlaine admire Banville, auquel il est présenté par ses amis Coppée, Dierx et Mendès. Mais chez le maître, les jeunes disciples, chantres de la perfection et prêtres de la beauté idéale, ne savent pas toujours se tenir. Goncourt, dont on connaît la langue vipérine, rapporte que « [Banville était] intarissable sur leur outrecuidance, leur vanité, leur ignorance, leur saleté, leur indélicatesse, qu'ils pouss[ai]ent parfois jusqu'à manger le gigot ou la pièce de viande refroidissant dans la salle à manger » (*Journal*, 25 août 1870).

Leconte de Lisle est sans doute le maître incontesté des Parnassiens. Il se fait connaître en 1852, année de publication d'*Émaux et camées*, par les *Poèmes antiques* : l'hindouisme et l'hellénisme, déjà présents chez André Chénier, sont au goût du jour. Dans la tradition gréco-latine, Leconte de Lisle puise des mythes et des formes (ode, églogue). La rigueur formelle l'occupe constamment. En 1862, les *Poèmes barbares* confirment les grandes aspirations de Leconte de Lisle. S'inspirant de sources bibliques et hindoues, le poète chante des théogonies et des cosmogonies. Leconte de Lisle, comme Gautier, hait son temps sans grandeur et déplore la décadence poétique. Pour marquer son dégoût et mettre en valeur ses idéaux, il se transporte aux époques héroïques.

***Poèmes barbares*, 1862**
Leconte de Lisle

LE RUNOÏA

Seule, immobile au sein des solitudes mornes,
Pareille au sombre Ymer évoqué par les Nornes,
Muette dans l'orage, inébranlable aux vents,
Et la tête plongée aux nuages mouvants,
Sur le cap nébuleux, sur le haut promontoire,
La tour de Runoïa se dresse toute noire :
Noire comme la nuit, haute comme les monts,
Et tournée à la fois vers les quatre horizons.
Mille torches pourtant flambent autour des salles,
Et nul souffle n'émeut leurs flammes colossales.
Des ours d'or accroupis portent de lourds piliers
Où pendent les grands arcs, les pieux, les boucliers,
Les carquois hérissés de traits aux longues pennes,
Des peaux de loups géants, et des rameaux de rennes ;
Et là, mille Chasseurs, assis confusément,
Versent des cruches d'or l'hydromel écumant.
Les Runoïas, dans l'ombre allumant leur paupière,
Se courbent haletants sur les harpes de pierre :
Les antiques récits se déroulent en chœur,
Et le sang des aïeux remonte dans leur cœur.
[...]

Cependant les Parnassiens, s'ils empruntent à Leconte de Lisle la discipline et l'emphase, restent en-deçà des préoccupations idéologiques de leur maître. À quelques exceptions près, ils font montre d'une érudition historique et mythologique de convenance. Leur pessimisme et leur hellénisme s'exercent dans le seul domaine esthétique ; ils n'ont d'autre ambition que la beauté formelle.

La rigueur et l'impassiblité de Leconte de Lisle influencent profondément les Parnassiens. En 1852, l'impassibilité n'est pas encore un poncif. En 1894, Verlaine rappelle que « la froideur [...] toute marmoréenne » du poète rompait radicalement avec la sensibilité d'un « siècle tout de nerfs et d'émois » (*Souvenirs sur Leconte de Lisle*). Le lyrisme de Leconte de Lisle refuse en effet de mettre en vers les aventures du *moi*. Le poète exprime ses préoccupations personnelles au moyen du mythe et de la légende.

Les Parnassiens peuvent être considérés comme les héritiers du Romantisme et de l'art pour l'art. Sans prétendre être des révolutionnaires, ils se sont toujours défendus d'être de simples imitateurs. Ils s'approprient les idées de leurs aînés, mais ils n'ont pas de doctrine cohérente et unitaire qui puisse leur servir de fer de lance. Ils préfèrent être jugés sur leurs œuvres et obéissent à un petit nombre de principes, qui constituent la fameuse « formule » dont parle Ricard.

Éléphants d'Afrique, Charles de Tournemine.

II – Le Parnasse à l'œuvre

A – Une nouvelle poésie ?

La nouveauté de la poésie parnassienne est mise en doute dès la parution du premier *Parnasse contemporain*. En octobre 1866, Jules Barbey d'Aurevilly publie dans *Le Nain jaune* un article particulièrement virulent. Le nom « Parnasse » lui semble ridicule : les Romantiques avaient jeté aux orties cette appellation surannée, et voilà qu'on la réutilise ! Pour Barbey, cette « vieille expression prudhommesque » est un cache-misère : la poésie parnassienne se signale par une absence totale d'invention et un manque radical d'originalité. Les Parnassiens ne sont que des « singes » qui compromettent dangereusement leurs maîtres. En novembre 1866, toujours dans *Le Nain jaune*, Barbey adresse un autre grave reproche à la « nouvelle » poésie : elle ne « pense » pas ; elle se réduit à « un vil exercice à rimes, à coupes de vers et à enjambements ». Trempant sa plume dans le vitriol, le romancier rédige les « Trente-sept médaillonnets du *Parnasse contemporain* ». Barbey commence par un portrait littéraire de Gautier et estime que le poète d'*España* n'est pas à sa place dans cette mascarade. Il dénonce ensuite les maîtres du Parnasse, qui ne sont à ses yeux que des imitateurs : Banville fait du Chénier et du Hugo ; Leconte de l'Isle [sic] copie Hugo, Ossian, et les poésies grecque et persane. Les disciples singent à la fois leurs maîtres et les maîtres de leurs maîtres : Heredia est un lieu commun incarné ; Coppée doit à Hugo et à Banville ; Verlaine est un « Baudelaire puritain » qui a trop lu Hugo et Musset ; quant à Baudelaire, son talent supérieur reste esclave de Hugo, de Gautier et de Poe.

En 1884, Mendès déclarera, non sans mauvaise foi : « jamais [les Parnassiens] ne furent, jamais ils ne tentèrent d'être des novateurs » (*La Légende du Parnasse contemporain*). Dans les années 1860, les Parnassiens, et Mendès le premier, ont pourtant l'ambition et le sentiment de renouveler la création poétique. Pour mettre fin aux polémiques, Verlaine déclare dans les *Mémoires d'un veuf* (1866) :

> S'il fallait à toute force chercher des similaires à ces originaux, ce serait aux siècles de la Tradition, au XVIe dont ils empruntaient avec raison la discipline libre et consentie, au XVIIe qu'ils rappelaient par leur souci douloureux de la langue et l'extrême scrupule de la tenue [...].

Ricard confirme dans ses *Mémoires* que lui et Mendès ont trouvé le nom « Parnasse » en cherchant dans les recueils poétiques parus depuis le XVIe siècle. Les Parnassiens s'inscrivent donc dans une tradition séculaire qui va de l'Antiquité au Romantisme. Mais ils sont aussi de leur temps : l'originalité de leur démarche réside dans la façon dont ils gèrent leurs héritages et dont ils conçoivent le renouveau de la poésie.

B – L'impassibilité parnassienne

En 1891, Jules Huret entreprend une vaste *Enquête sur l'évolution littéraire* et interroge le vieux Leconte de Lisle sur la fameuse impassibilité parnassienne. Voici la réponse : « En aura-t-on fini avec cette baliverne ! [...] Alors quand on ne raconte pas de quelle façon on boutonne son pantalon, et les péripéties de ses amourettes, on est un poète impassible ? C'est stupide. » Adolphe Racot, dans *Les Parnassiens* (1875), exprime la même idée de façon moins sarcastique : « C'était le lyrisme qui avait été la cause de la décadence poétique ; donc, à tout prix, la nouvelle école résolut de combattre avec acharnement le lyrisme. Elle décréta, comme règles primordiales, la proscription de l'émotion, la sérénité du vers, l'impassibilité ».

Le lyrisme contre lequel les Parnassiens réagissent est celui qui se définit comme l'expression exaltée des sentiments personnels. Heredia, dans son discours de réception à l'Académie française (1894), présente l'ambition du vrai poète : « ce n'est qu'en généralisant [les confessions] par une idéalisation naturelle ou volontaire, que les poètes ont pu, sans paraître impertinents, expliquer leurs sentiments intimes. [...] C'est que la vraie poésie est dans la nature et dans l'humanité éternelles et non dans la nature de l'homme d'un jour [...]. Le poète est d'autant plus vraiment et largement humain qu'il est plus impersonnel ». En d'autres termes, si le poète veut parler aux hommes et exprimer des vérités humaines, il doit rechercher la « dépersonnalisation », voire la désincarnation, en objectivant son expérience. C'est pourquoi les Parnassiens exploitent des thèmes poétiques traditionnels — l'amour, la mort, la religion, la nature — et évitent généralement l'anecdote, l'introspection et le sentimentalisme. Par ailleurs, l'esprit positiviste, qui étend les méthodes scientifiques à tous les domaines du savoir, les encourage à tenir un discours impersonnel.

Les poèmes parnassiens utilisent peu le vocabulaire du sentiment. Mais s'ils excluent le *moi*, ils n'excluent pas le *je*. Quand ce *je* est celui du poète, il prend une valeur universelle et exemplaire. Lorsque les Parnassiens expriment, à la suite des Romantiques, la communion sublime du poète avec la nature, c'est pour mieux dissoudre leur *moi* dans l'expérience générale. Les sentiments se transfèrent aux choses et aux êtres, qui peuvent ainsi prendre une dimension allégorique :

> Silencieuse horreur des forêts sous la nuit,
> Chênes, rochers muets qui vous dressez dans l'ombre,
> Bleus abîmes du ciel, gouffre tranquille où luit
> Le fourmillement clair des étoiles sans nombre !
>
> J'erre terrifié, les yeux fixés sur vous,
> Voulant percer toujours les ombres où nous sommes,
> Mais tous vous demeurez, interrogés par nous,
> Sans réponse jamais aux questions des hommes !
> […]
> (Henri Cazalis, « Forêt, la nuit », publié dans le second *Parnasse contemporain*)

Quand le poète parnassien ne dit pas *je*, il marque discrètement sa présence en tant qu'origine de l'énonciation grâce à l'utilisation de la deuxième personne, de la modalisation et de l'exclamation ou de l'interrogation. D'Hervilly révèle sa présence implicite grâce à l'humour, et dément, par l'exemple, la réputation de froideur faite à la poésie parnassienne.

D'Hervilly

À CAYENNE
(Publié dans le second *Parnasse contemporain*)

Midi. Pas d'ombre. Un ciel d'acier, pulvérulent.
La terre, brique sombre, au soleil se fendille.
Par moments, une odeur lointaine de vanille
Flotte, exquise, dans l'air immobile et brûlant.

Là-bas, longeant la mer huileuse qui scintille,
S'alignent les maisons aux murs bas peints en blanc,
En rose, en lilas tendre, en vert pâle, en jonquille,
De la Ville, où chacun sommeille pantelant.

Sur la plage, qu'un fou traverse à lourds coups d'aile,
Seul, et nu comme un ver, flâne un négrillon grêle,
Au gros ventre orné d'un nombril proéminent ;

Ouvrant sa lèvre rouge où la dent étincelle,
Heureux comme un poisson qui nage, il va, traînant
Un crapaud gigantesque au bout d'une ficelle.

Le *je* parnassien peut aussi être celui d'un personnage qui sert de porte-parole au poète. Leconte de Lisle, par exemple, emploie fréquemment la forme dialoguée : elle révèle moins une tentation dramatique qu'elle n'est un moyen de médiatiser la parole et les sentiments personnels. Les personnages mythiques ou typiques, par leur valeur universelle, deviennent des médiateurs entre le poète et le lecteur.

La poésie parnassienne est indirectement objective. Le poète se désigne implicitement comme origine et principe organisateur de la description mais il objective sa vision et ses sensations. Grâce aux images, les réalités intérieures et extérieures prennent une nouvelle dimension : le Parnassien ne peint pas la réalité objective du monde mais donne au monde la réalité objective de l'art. La rigueur formelle signale la maîtrise du poète sur la matière. Elle engendre une froideur qui n'exclut pas le lyrisme, mais un lyrisme qui retrouve son étymologie de « chant poétique ». Le chant parnassien se veut serein, équilibré, éternel et universel. Il est impassible car sincère et désintéressé :

> Nous ne prétendions pas ne rien vouloir éprouver de la Vie [déclare Ricard dans ses *Mémoires*], nous voulions dire seulement que la passion n'est pas une excuse à faire de mauvais vers, ni à commettre des fautes d'orthographe et de syntaxe, et que le devoir de l'artiste est de chercher consciencieusement […] la forme, le style, l'expression les plus capables de rendre et de faire valoir son sentiment, son idée ou sa vision.

L'éviction du *moi* chez les Parnassiens participe à une entreprise plus large qui consiste à éliminer de la poésie tout élément prosaïque. Tel est le fondement de l'art pour l'art : rendre à l'art en général, et à la poésie en particulier, son autonomie.

C – Le divorce de l'art et du monde

Les maîtres du Parnasse ne se préoccupent pas du destin de l'humanité. Contrairement à Hugo et à Lamartine, Gautier et Leconte de Lisle refusent de tenir un rôle politique et préfèrent se consacrer à l'art. La Monarchie de Juillet consolide le pouvoir de la bourgeoisie, cette bête noire des artistes, sourde à la poésie, étrangère à la Beauté. À l'avènement de « Napoléon le petit » et du Second Empire (1851), la haine de l'argent, du conformisme et de la vulgarité s'accentue chez les poètes. Mais alors que Hugo, exilé à Jersey, écrit *Les Châtiments* (1853), où il fait œuvre de contestataire, Gautier publie *Émaux et camées* (1852), où il fait œuvre de virtuose. Peu après la naissance de la IIIe République (1870), Banville déclare encore :

> Je partage avec les hommes de 1830 la haine invétérée et irréconciliable de ce qu'on appela alors *les bourgeois* […]. *Bourgeois* signifiait l'homme qui n'a d'autre culte que la pièce de cent sous, d'autre idéal que la conservation de sa peau, et qui en poésie aime la romance sentimentale, et dans les arts plastiques la lithographie coloriée. (Commentaires aux *Odes funambulesques*, 1873)

Les Parnassiens affichent le même mépris du bourgeois et de l'action politique. Ils approfondissent entre eux et le public un fossé qui ne cessera de s'agrandir au temps du Symbolisme et de la Décadence. Ils exècrent la foule et adoptent une attitude aristocratique. Dandys et bohèmes, ils pensent former une nouvelle aristocratie, celle de l'art. Premier poème publié par Verlaine, « Monsieur Prudhomme » montre avec humour et ironie comment les poètes se voyaient et voyaient le bourgeois.

> Verlaine
>
> MONSIEUR PRUDHOMME
>
> Il est grave : il est maire et père de famille.
> Son faux col engloutit son oreille. Ses yeux
> Dans un rêve sans fin flottent insoucieux,
> Et le printemps en fleur sur ses pantoufles brille.
>
> Que lui fait l'astre d'or, que lui fait la charmille
> Où l'oiseau chante à l'ombre, et que lui font les cieux,
> Et les prés verts et les gazons silencieux ?
> Monsieur Prudhomme songe à marier sa fille
>
> Avec Monsieur Machin, un jeune homme cossu.
> Il est juste-milieu, botaniste et pansu.
> Quant aux faiseurs de vers, ces vauriens, ces maroufles,
>
> Ces fainéants barbus, mal peignés, il les a
> Plus en horreur que son éternel coryza,
> Et le printemps en fleur brille sur ses pantoufles.

Contrairement aux romanciers naturalistes, les poètes parnassiens évitent de prendre en compte les réalités modernes. La révolution industrielle ne les intéresse pas. « Les hymnes et les odes inspirées par la vapeur et le télégraphe électrique m'émeuvent médiocrement », déclare Leconte de Lisle dans la préface de *Poèmes et poésies* (1855). Sully Prudhomme est l'un des rares Parnassiens à parler des découvertes et des progrès scientifiques. Son poème « Le Zénith », dédié aux victimes de l'ascension du ballon Le Zénith, chante les louanges des nouveaux argonautes qui représentent les aspirations spirituelles de l'homme moderne.

Tout en méprisant leur époque, les Parnassiens utilisent les savoirs de leur temps. Ils sont en effet influencés par le positivisme. Pour le fondateur de cette philosophie, Auguste Comte, la science est capable de tout expliquer, y compris la société et le devenir de l'humanité. La politique et la morale peuvent se fonder scientifiquement. Si l'homme s'en remet à la rigueur et à la certitude de la science universelle, il se prépare un avenir meilleur, débarrassé des croyances théologiques et métaphysiques. Sans être les chantres du progrès, sans s'abandonner au messianisme démocratique, les Parnassiens découvrent dans l'Histoire, la philologie et la mythologie des sujets de méditation et des sources d'inspiration. Les *Poèmes barbares*, par exemple, témoignent d'une vaste érudition. Leconte de Lisle utilise ses connaissances pour exprimer sa nostalgie des origines et ses réflexions morales et métaphysiques sur le devenir humain. Ses descriptions d'animaux — éléphants, jaguar, vipère — ne sont pas d'un naturaliste, mais d'un poète qui traite ses thèmes lyriques de prédilection.

> ***Poèmes barbares**, 1862*
> Leconte de Lisle
>
> LES ÉLÉPHANTS
>
> Le sable rouge est comme une mer sans limite,
> Et qui flambe, muette, affaissée sur son lit.
> Une ondulation immobile remplit
> L'horizon aux vapeurs de cuivre que l'homme habite.
>
> Nulle vie et nul bruit. Tous les lions repus
> Dorment au fond de l'antre éloigné de cent lieues,
> Et la girafe boit dans les fontaines bleues,
> Là-bas, sous les dattiers des panthères connus.
>
> Pas un oiseau ne passe en fouettant de son aile
> L'air épais, où circule un immense soleil.
> Parfois quelque boa, chauffé dans son sommeil,
> Fait onduler son dos dont l'écaille étincelle.
>
> Tel l'espace enflammé brûle sous les cieux clairs.
> Mais, tandis que tout dort aux mornes solitudes,
> Les éléphants rugueux, voyageurs lents et rudes,
> Vont aux pays natal à travers les déserts.
>
> D'un point de l'horizon, comme des masses brunes,
> Ils viennent, soulevant la poussière, et l'on voit,
> Pour ne point dévier du chemin le plus droit,
> Sous leur pied large et sûr crouler au loin les dunes.
>
> [...]

Les Parnassiens prennent directement ou indirectement connaissance des travaux de Creuzer et de Müller sur les mythes. Les philologues mettent à leur portée le *Mahâbhârata* et la philosophie confucéenne. Louis Ménard, Catulle Mendès et Leconte de Lisle vont ainsi chercher dans les grands textes de l'Inde, de la Chine et de la Grèce antique une inspiration exotique et philosophique. On les raille parce que leurs poèmes sont pleins de noms barbares et de mots compliqués. En revanche, le transformisme et l'évolutionnisme darwinien touchent peu les Parnassiens. Leconte de Lisle n'en retient que la lutte pour la vie, qui le conforte dans sa conception de l'héroïsme et de la décadence.

Le rapport des Parnassiens au monde moderne passe donc par le savoir. Ils utilisent les mythes et les légendes pour penser leur époque mais ils n'exploitent pas directement les réalités contemporaines. C'est à peine si l'on trouve, dans le troisième *Parnasse*, quelques rares allusions à la défaite de 1870, qui a pourtant marqué les esprits et accentué le pessimisme des artistes. Il arrive que les Parnassiens abordent des questions sociales et politiques ; contrairement à Béranger, dont la gouaille populaire faisait les délices de Stendhal, ils affichent un dédain sarcastique ; leurs poèmes deviennent des pamphlets. Louis Ménard, socialiste convaincu, poursuivi après la répression de la Commune, choisit d'exprimer ses aspirations politiques et morales sans faire directement référence à son temps ; il préfère traiter de philosophie et de spiritualité.

> Louis Ménard
>
> LE RISHI
> (Publié dans le second *Parnasse contemporain*)
>
> Dans la sphère du nombre et de la différence,
> Enchaînés à la vie, il faut que nous montions,
> Par l'échelle sans fin des transmigrations,
> Tous les degrés de l'être et de l'intelligence.
>
> Grâce, ô vie infinie, assez d'illusions !
> Depuis l'éternité ce rêve recommence.
> Quand donc viendra la paix, la mort sans renaissance ?
> N'est-ce pas bientôt temps que nous nous reposions ?
>
> Le silence, l'oubli, le néant qui délivre,
> Voilà ce qu'il me faut ; je voudrais m'affranchir
> Du mouvement, du lieu, du temps, du devenir ;
>
> Je suis las, rien ne vaut la fatigue de vivre,
> Et pas un paradis n'a de bonheur pareil,
> Nuit calme, nuit bénie, à ton divin sommeil.

Quelques poètes du *Parnasse contemporain* abordent pourtant avec simplicité des sujets quotidiens. C'est le cas de Coppée qui, contrairement à Leconte de Lisle, raconte des scènes familières :

> Champêtres et lointains quartiers, je vous préfère
> Sans doute par les nuits d'été, quand l'atmosphère
> S'emplit de l'odeur forte et tiède des jardins.
> Mais j'aime aussi vos bals en plein vent d'où, soudain,
> S'échappent les éclats de rire à pleine bouche,
> Les polkas, le hoquet des cruchons qu'on débouche,
> Les gros verres trinquant sur les tables de bois,
> Et, parmi le chaos des rires et des voix
> Et du vent fugitif dans les ramures noires,
> Le grincement rythmé des lourdes balançoires.
> (Publié dans le second *Parnasse contemporain*. *Promenades et Intérieurs*, 1875)

Coppée est parnassien par son respect de la forme, mais son inspiration intimiste, naïve et populaire le distingue de la plupart de ses amis.

La poésie des Parnassiens évite l'anecdote et les repères spatio-temporels trop précis. Leur approche historique s'inscrit dans le cadre d'une réflexion sur le devenir et non dans celui de la chronologie événementielle. Les mythes et les légendes placent les poèmes parnassiens hors du temps. Quand le poète parle de son expérience personnelle, il évoque des moments de la journée et des saisons parce qu'ils présentent des analogies avec ses états d'âme. Les lieux privilégiés de la sensibilité parnassienne sont les jardins, les montagnes, les forêts et les rivages, décors à même de révéler les sentiments personnels. La précision spatiale n'est pas toujours négligée. Édouard Grenier, par exemple, chante sa Suisse natale, mais ses Alpes sont mythiques et allégoriques. Le Parnassien n'est ni un géographe, ni un journaliste, ni un scientifique, ni un réaliste ; c'est un paysagiste. Il aime aussi les musées. Les chefs-d'œuvre anciens du Louvre ou de la Chapelle Sixtine n'ont-ils pas le pouvoir de consoler celui qui se désintéresse de son temps ? Royaume de l'art, le musée — ou l'atelier d'artiste, la bibliothèque — se situe hors du monde.

Mais les Parnassiens sont tributaires de la réalité ; leur poésie ne peut pas faire l'économie du référent. Il faut attendre les expériences de Mallarmé puis celles de Max Jacob pour que l'œuvre poétique s'affranchisse partiellement du référent et se prenne elle-même pour fin. Comment les Parnassiens réalisent-ils l'autonomie de l'art proclamée par Gautier et par Baudelaire ? En choisissant de tout ramener à l'art. Grâce aux images, ils transforment les femmes de chair en muses au profil de camée et à la « jambe de statue » ; les bois battus par la tempête deviennent des temples ou des cathédrales. Les Parnassiens aiment les jardins qui portent la marque du travail de l'homme sur la nature ; ce sont des jardins à la française, classiques, organisés au cordeau, avec symétrie et rigueur, à l'instar des vers parnassiens.

***Rimes dorées**,* 1875
Banville

PROMENADE GALANTE

Dans le parc au noble dessin
Où s'égarent les Cidalises
Parmi les fontaines surprises
Dans le marbre du clair bassin,

Iris, que suit un jeune essaim,
Philis, Églé, nymphes éprises,
Avec leurs plumes indécises,
En manteau court, montrant leur sein,

Lycaste, Myrtil et Sylvandre
Vont, parmi la verdure tendre,
Vers les grands feuillages dormants.

Ils errent dans le matin blême,
Tous vêtus de satin, charmants
Et tristes comme l'Amour même.

Les poètes se réfèrent constamment à la littérature. Les dédicaces, les allusions et les citations renvoient les poèmes parnassiens à d'autres poèmes. Anacréon, Juvénal, Villon, Shakespeare et Hugo sont à la fois des références et des référents littéraires. En recourant à la « légende » — qui vient de « legenda » : « ce qui doit être lu » — et à la mythologie, nouvelle science qui consigne et analyse de façon systématique les grands mythes de l'humanité, la poésie parnassienne s'installe dans le domaine de l'érudition, des livres et des discours.

Les Parnassiens se réfèrent également aux autres arts. Certains d'entre eux sont peintres, comme Jules Breton et Claudius Popelin, ou critiques d'art, comme Georges Lafenestre, conservateur du Louvre et professeur au Collège de France. Les Romantiques cherchent à établir des liens entre les arts, afin de dégager la formule unitaire et primitive dont les différents arts seraient l'incarnation. Chez les Parnassiens, les beaux-arts sont de surcroît le moyen de rester dans le domaine de l'art en évitant les réalités vulgaires. Banville idéalise les scènes populaires par des allusions à Gavarni et à Daumier ; Coppée et Frédéric Plessis peignent des intérieurs, des scènes de genre et des natures mortes. La poésie parnassienne regorge de statues, de groupes et de paysages. Les poèmes de Jules Breton sont des tableaux en vers où le vocabulaire technique renforce l'évocation des formes, des couleurs, des volumes et des correspondances sensorielles.

***Les Champs et la Mer**, 1875*
Breton (Jules)

L'ARTOIS

[...]
Voici l'ombre qui tombe, et l'ardente fournaise
S'éteint tout doucement dans les flots de la nuit,
Au rideau sourd du bois attachant une braise
Comme un suprême adieu. Tout se voile et s'apaise,
Tout devient idéal, forme, couleur et bruit.

Et la lumière avare aux détails se refuse ;
Le dessin s'ennoblit, et, dans le brun puissant,
Majestueusement le grand accent s'accuse ;
La teinte est plus suave en sa gamme diffuse,
Et la sourdine rend le son plus ravissant.

Miracle d'un instant, heure immatérielle,
Où l'air est un parfum et le vent un soupir !
Au crépuscule ému la laideur même est belle,
Car le mystère est l'art : l'éclat ni l'étincelle
Ne valent un rayon tout prêt à s'assoupir.
[...]

La description est une constante de la poésie parnassienne. Elle objective les sentiments, garantit l'impassibilité, aborde le monde par la peinture et par la sculpture : la réalité se trouve ainsi doublement mise à distance. Cette mise en abyme confère à l'art son autonomie. Elle est un élément du culte de la Beauté parnassien.

D – Le culte de la Beauté

Les Parnassiens se consacrent à la recherche de la beauté idéale. C'est pourquoi ils revendiquent l'inutilité de l'art :

> En général, dès qu'une chose devient utile, elle cesse d'être belle. Elle entre dans la vie positive, de poésie, elle devient prose, de libre, esclave. [...] L'art, c'est la liberté, le luxe, l'efflorescence, c'est l'épanouissement de l'âme dans l'oisiveté. (Gautier, préface d'*Albertus*, 1832)

Le principe de l'inutilité enjoint aussi les Parnassiens de libérer la poésie des contingences historiques et individuelles. La froideur est une conséquence directe du souci de perfection : atteindre la perfection, c'est toucher la beauté idéale. L'équilibre de la construction, la netteté (mots utilisés dans leur sens propre, métaphores peu audacieuses mais toujours précises, syntaxe canonique, diérèse fréquente), la versification rigoureuse et le contrôle total de la cadence et des sonorités doivent conférer au poème stabilité et fermeté. Les Parnassiens goûtent l'alexandrin, les formes fixes (le sonnet chez Heredia, le dizain chez Coppée, la ballade chez Glatigny), les longs poèmes à rimes plates sans division en strophes, et les vers isométriques (de même longueur). Les vers hétérométriques s'organisent avec régularité. Dans la préface des *Améthystes* (1861), Banville rappelle que Ronsard proscrit l'hiatus et préconise l'alternance des rimes féminines et masculines. Or Banville considère qu'une transgression ponctuelle et consciente de ces règles peut apporter un charme supplémentaire au poème. Mais les Parnassiens orthodoxes préfèrent suivre scrupuleusement les lois prosodiques, auxquelles Cros et Verlaine n'hésitent pas à désobéir.

La statuaire antique sert de modèle aux Parnassiens. La pureté et la fermeté du marbre les inspirent. La blancheur et la froideur sont omniprésentes dans cette poésie, pleine de paysages immaculés, étincelants et éblouissants. Les personnages adoptent fréquemment des attitudes hiératiques et se meuvent avec majesté. Quand le poème représente le spectacle des éléments déchaînés ou les inquiétudes intimes du poète, le chaos est organisé et maîtrisé dans l'espace solide et mesuré du vers.

L'idéal est par définition éternel. La stabilité du poème parnassien doit signifier cette immuabilité. En exploitant les thèmes lyriques traditionnels, les mythes et les légendes, les Parnassiens soustraient la Beauté au temps et à la mort. Dans « La Dame en pierre », Cros décrit un gisant et clôt son poème sur un quatrain qui rappelle les derniers vers de « L'Art » de Gautier :

> La mort n'a pas atteint le beau.
> La chair perverse est tuée,
> Mais la forme est, sur un tombeau,
> Perpétuée.
> (Publié dans le second *Parnasse contemporain*)

La beauté est éternelle comme la vérité que les poètes veulent atteindre. Les Parnassiens restent majoritairement tributaires de l'idéalisme classique ; leur contemporain, le penseur Victor Cousin, démontre que la beauté matérielle, créée par l'art, est le signe de la beauté intérieure, spirituelle et morale. Ainsi, Leconte de Lisle met en vers majestueux des sujets élevés. France confère une dimension morale à ses poèmes. Banville, dans ses *Odelettes* (1872), qualifie Gautier d'« amant du vrai, du beau et du juste ». Mais la préoccupation morale n'est pas une constante chez les Parnassiens. À la suite de Hugo, ils pensent que la noblesse et la pureté appartiennent à la poésie, et non au sujet du poème, que le poète peut choisir en toute liberté. Pour Banville, l'art sacralise la fange. Verlaine estime qu'il n'aurait jamais eu sa place dans *Le Paranasse contemporain* s'il n'avait suivi ce principe. Gautier et Glatigny ne se sont pas privés de publier sous le manteau des poésies érotiques.

Mais alors que les Romantiques se concevaient comme des médiateurs entre le ciel et la terre, des mages capables de révéler les mystères de l'univers, les Parnassiens se rendent compte que l'idéal est hors de portée. Gautier, dans un sonnet intitulé « L'Impassible », déclare à son inspiratrice :

> Vous, cependant, avec un calme olympien,
> Comme la Mnémosyne, à son socle accoudée,
> Vous poursuivez, rêveuse, une impossible idée !
> (Publié dans le second *Parnasse contemporain*)

Exclus du monde supérieur, les poètes ne se sentent pas plus à leur place dans ce monde-ci. Ils se détournent de leur époque et de leurs contemporains, mais aussi du monde terrestre. Leur pessimisme est absolu. Certains d'entre eux, tel Louis Ménard, en appellent au néant et à la mort (cf. p. 23). La méditation devant l'infini, à la manière romantique, ne leur permet pas d'entrer en communication avec les vérités cachées de l'univers. Celui-ci redevient indéchiffrable (cf. le poème de Cazalis, p. 19).

Les Parnassiens savent qu'ils ne peuvent donner de l'idéal qu'une image sensible. L'expression « On dirait » revient souvent sous leur plume : elle témoigne des approximations d'un système analogique impuissant à déchiffrer les mystères du monde et à exprimer l'idéal. Les Parnassiens se consacrent donc à l'expression sensible de la Beauté. Ils privilégient le sens de la vue, qui met à distance la réalité, mais ils ne négligent ni l'ouïe, ni le toucher ni l'odorat. Les tableaux s'animent, le sang palpite sous la chair de l'inspiratrice du poète.

Cependant, les Parnassiens utilisent peu la synesthésie : les perceptions sensorielles se répondent et se complètent, sans échanger véritablement leurs qualités. Les notations retranscrivent fidèlement l'expérience sensible, sans fonctionner selon des correspondances de type baudelairien. La sensualité ne contredit pas la froideur : les poèmes parnassiens, comme ceux de Baudelaire, expriment la tension constante entre la quête et son échec. Les images traditionnelles d'élévation, d'ascension, témoignent de cette dialectique inaboutie. Les Parnassiens ont conscience que la beauté poétique n'est pas l'idéal, mais seulement un reflet de l'idéal, une représentation. Ainsi s'explique également le recours à la description et à l'esthétique picturale. Dans son poème « Le Carreau », Albert Mérat voit le monde à travers une vitre ; celle-ci représente aussi bien une protection contre l'extérieur qu'une limite infranchissable.

> *Les Chimères*, 1866
> Albert Mérat
>
> LE CARREAU
>
> Derrière l'épaisseur lucide du carreau
> Un paysage grêle, une miniature,
> Fait voir chaque détail plus petit que nature
> Et tient entre les quatre arêtes du barreau.
>
> Ce transparent posé d'aplomb sur le tableau
> Montre un ciel triste encore et d'une couleur dure,
> Des gens qui vont, les champs, des arbres en bordure,
> Et les flaques de pluie où l'azur luit dans l'eau.
>
> Il semble qu'un burin très aigu n'ait qu'à suivre
> Le trait fin des maisons, les branchages de cuivre
> Où le pâle soleil glisse un regard sournois.
>
> Décalque compliqué comme une broderie,
> Dont le caprice peut tenter la rêverie
> D'un poète amoureux ou d'un peintre chinois.

Pour Banville, « l'âme de la lyre » (*Les Stalactites*) reste prisonnière « dans la froide prison des mètres et des vers » et se tourne avec nostalgie vers le ciel où résonne « le chœur de l'univers ».

Les Parnassiens souffrent d'un pessimisme existentiel et métaphysique. Le poète a une image dégradée de lui-même. Songeons à la figure du funambule héritée de Banville : le funambule est un saltimbanque, un artiste mineur ; ses dons d'acrobate suscitent l'admiration. Grâce à un fragile et fascinant équilibre, il évolue entre ciel et terre. Mais sa corde, nécessaire et dérisoire, le lie au sol et lui rappelle sans cesse sa nature terrestre :

> Tribun, prophète ou baladin,
> Toujours fuyant avec dédain
> Ces pavés que le passant foule,
> Il marche sur les fiers sommets
> Ou sur la corde ignoble, mais
> Au-dessus des fronts de la foule.
> (« La Corde roide », *Odes funambulesques*)

Le vers parnassien, raide, tendu, est la corde du poète funambule. Leconte de Lisle, quant à lui, adopte une attitude plus aristocratique. Dans « Les Montreurs » (*Poèmes barbares*), s'adressant à la « plèbe carnassière », il profère :

> Dans mon orgueil muet, dans ma tombe sans gloire,
> Dussé-je m'engloutir pour l'éternité noire,
> Je ne te vendrai pas mon ivresse ou mon mal,
> Je ne livrerai pas ma vie à tes huées,
> Je ne danserai pas sur ton tréteau banal
> Avec tes histrions et tes prostituées.

Avec les Parnassiens disparaît la mission spirituelle de l'art revendiquée par les Romantiques. Le culte de la Beauté ne permet pas au poète d'accéder à une connaissance sacrée ; il se réduit à un dévouement religieux à l'art. Émile Bergerat fait montre d'un stoïcisme sans dieu. À l'instar de Gautier, les poètes se proclament païens. Grâce aux apports de l'histoire des religions, les Parnassiens prennent en effet leurs distances avec le christianisme. Mais ils ne se convertissent pas à la religion hindoue et ne ressuscitent pas le polythéisme antique. Le paganisme mystique, en se substituant au christianisme, leur permet de conserver des aspirations spirituelles. Ils expliquent l'organisation de l'univers par un panthéisme souvent élémentaire. Chez les poètes les plus influencés par la pensée positiviste, comme Leconte de Lisle et Louis Ménard, la valorisation du polythéisme grec sous-tend l'expression d'idéaux démocratiques et républicains.

Plus que par l'impassibilité et par le mépris du monde, les Parnassiens sont unis par le culte de la Beauté. Le lecteur percevra leurs obsessions aussi bien en parcourant *Le Parnasse contemporain* qu'en feuilletant *Le Parnassiculet contemporain*, recueil de poèmes parodiques de Paul Arène et d'Alphonse Daudet, publié en 1867 et réédité en 1872. Ces iconoclastes jettent à la face des idolâtres de la Beauté des pastiches d'inspiration panthéiste ou hindoue dont la vocation est de démontrer qu'il vaut mieux « être original en français que ridicule en sanskrit » (voir p. 42).

III – Le Parnasse à l'épreuve du temps

Les Parnassiens ne se sont pas révoltés contre leurs aînés mais contre les épigones du Romantisme. Ils ont senti la nécessité de renouveler la poésie, menacée de stagnation ou de décadence. Ils ont donc engendré une dynamique qui devait concilier tradition lyrique et innovation.

Les Parnassiens héritent de l'esthétique classique la ferveur du travail poétique : c'est pour eux un métier que de faire un poème. Le poète ne doit pas oublier qu'il est un artisan — un ciseleur, un orfèvre, un émailleur, un peintre ou un sculpteur. Les Parnassiens héritent aussi du goût classique de l'équilibre, de la symétrie et de la forme parfaite. Leur inspiration naît des sources traditionnelles : ils croient à l'universalité et à l'intemporalité des préoccupations humaines.

Mais la sensibilité des Parnassiens est aussi actuelle. À la suite des Romantiques, ils font entrer le concret en poésie. Cependant, il s'agit moins pour eux de prêter attention au réel que de trouver l'expression sensible de la Beauté. Alors que la poésie romantique libère l'alexandrin en préférant la numération à la césure et à la coupe, les Parnassiens reviennent aux contraintes formelles traditionnelles. En privilégiant le rythme et l'harmonie intérieurs, les Romantiques rendent plus floues les limites entre prose et poésie. Les Parnassiens, en revanche, maintiennent la distinction classique entre les genres. Pour eux, la poésie n'existe que dans le poème : contrairement au Symbolisme ou à l'Esprit nouveau, le Parnasse est un courant strictement poétique.

Les Romantiques ont légué aux Parnassiens la sacralisation de la poésie. Mais le culte de la beauté parnassien n'est pas vraiment mystique. Le Parnasse rompt avec le messianisme romantique sans adhérer à la foi positiviste. Il y a chez les jeunes poètes une forme de nihilisme, et la conscience d'une tragique lacune du sens. Les dieux sont absents ; ils restent à l'état de pures icônes. Les Parnassiens interrogent inlassablement leur exil sur terre et les rapports de la beauté et de l'idéal. Tels ces âmes dont parle Platon, qui, tombées à terre, se ressouviennent de leur forme première, les poètes de 1866 vivent des anamnèses dont le poème est la représentation. L'art les console de la vie et compense, par sa perfection, les inquiétudes nées de l'aspiration nostalgique à l'autre monde, qui n'existe peut-être même pas.

Après la guerre de 1870, la jeune génération rompt progressivement avec les ambitions de ses aînés. L'équilibre, la symétrie, l'impassibilité, le sujet traditionnel ou livresque et la majesté des édifices parnassiens correspondent de moins en moins aux nouvelles sensibilités. Les efforts parnassiens sont trop limités : essentiellement négateurs, ils ne donnent naissance ni à un authentique renouvellement, ni à une sensibilité riche et inconnue. Pendant que le Parnasse, constatant l'essoufflement du Romantisme, cherche de nouvelles voies, les grands Romantiques continuent de publier des œuvres majeures.

À inscrire la Beauté dans la pierre immuable, les Parnassiens manquent le mouvement, la vie, sans malheureusement échapper au temps. Ils ignorent que leurs édifices à l'antique deviendront vite des ruines. L'émotion musicale et picturale de leurs vers naît davantage de la technique que de l'art. Leur lyrisme trop épuré méconnaît les vertus de l'enchantement poétique, de la vibration intime et du lyrisme personnel. Ces poètes impersonnels ne veulent pas et peut-être ne savent pas faire entendre des voix singulières et humaines. Leur poésie descriptive et narrative est rapidement sentie comme obsolète.

Pourtant, les maîtres du Parnasse, tôt reniés par les Symbolistes et les Décadents, ont donné naissance au poète maudit, cette figure emblématique de la fin-de-siècle qui remplace le mage romantique. Avec Baudelaire, ils ont appris à un Mallarmé la magie de la ciselure poétique, et à un Verlaine la noblesse absolue de la poésie. Le Parnasse n'a pas supplanté le Romantisme, mais il a contribué à ouvrir une brèche dans l'institution romantique et à questionner le devenir de la poésie.

Deuxième partie

Vers le Symbolisme

> Symbolisme, telle est sans doute l'étiquette sous laquelle notre période sera classée dans l'histoire de la littérature française. Résignons-nous donc puisque toute protestation serait vaine ; d'autant que l'indication a au moins un mérite, son insignifiance même...
>
> (Saint-Antoine, « Qu'est-ce que le Symbolisme ? »
> *L'Ermitage*, juin 1894)

L'Apparition, Gustave Moreau.

I – Une atmosphère de révolte et de liberté

La capitulation de 1871 marque profondément et durablement les esprits français. Les crises qui secouent périodiquement la République naissante ajoutent à la confusion et à la désillusion ambiantes. Alors que certains écrivains, comme Barrès, parlent de revanche et d'unité nationale, les poètes s'enferment dans leur tour d'ivoire. Dans les années 1890, certains trouveront dans l'anarchisme l'expression politique de leur révolte. Refusant le positivisme des Parnassiens et des Naturalistes, les poètes ne croient pas au progrès et se désintéressent de l'Histoire et des sciences. Ils se vouent entièrement à leur art. Le public éclairé — et à plus forte raison le grand public — méconnaît les nouvelles esthétiques qui naissent de leurs réunions et de leurs recherches.

Le monde des lettres est pourtant en pleine mutation. Le Romantisme appartient désormais à l'Histoire : Musset est mort en 1857, Vigny en 1863 et Lamartine en 1869 ; Hugo, le grand poète national, disparaît en 1885. Pour la nouvelle génération, une chose est sûre : l'esthétique parnassienne est obsolète. En 1891, le symboliste Gustave Kahn explique que ce rejet était inévitable : tandis que « les meilleurs Parnassiens […] révis[ai]ent leurs œuvres complètes et entr[ai]ent très honorablement dans le passé », la jeune génération agissait pour faire évoluer la littérature (*Enquête sur l'évolution littéraire*). Au moment où paraît le dernier volume du *Parnasse contemporain* (1876), la vitalité du groupe parnassien est effectivement déliquescente. Aux dires de Ricard, les jeunes avaient même commencé à déserter le salon de Leconte de Lisle dès 1867. À la fin de 1871, le groupe Zutiste, composé de Verlaine, de Rimbaud et de transfuges du Parnasse tels Mérat et d'Hervilly, a pour principale occupation la parodie des Romantiques et des Parnassiens. Quelques mois plus tard, les « Modernes », sous la houlette de Jean Richepin, dénoncent les choix du Parnasse et se réclament d'un nouveau Romantisme.

Comme les Parnassiens en leur temps, les poètes de l'époque sentent la nécessité de renouveler la création poétique et cherchent des voies nouvelles. En avril 1872, paraît le premier numéro de la revue *La Renaissance artistique et littéraire* : y collaborent des Parnassiens, mais aussi Rimbaud et des dissidents du Parnasse comme Cros et Verlaine. Cros fonde en 1874 la *Revue du monde nouveau*, dans laquelle écrivent des auteurs aussi divers que Mallarmé, Dierx, Villiers de l'Isle-Adam, Germain Nouveau et Émile Zola. Verlaine, qui a quitté Paris avec Rimbaud en 1872, publie *Sagesse* à compte d'auteur en 1881. Quand il rentre en 1882, la vie littéraire est en train de changer ; toute une partie de la jeune génération se réclame désormais de lui — malgré lui ! Entre 1883 et 1884, il écrit dans la revue décadente *Lutèce* une série de portraits consacrés à Tristan Corbière, à Rimbaud, à Mallarmé, à Marceline Desbordes-Valmore et à Villiers de l'Isle-Adam, sous le titre *Les Poètes maudits*. Ces héros incompris, inconnus, marginaux et « absolus par l'imagination et par l'expression », n'ont rien de commun avec les anciens maîtres parnassiens, érudits, esthètes et bibliophiles tout dévoués à la Muse. En 1876, Mallarmé publie chez l'éditeur Derenne un poème rejeté par le comité de lecture du *Parnasse* : « L'Après-midi d'un faune », illustré par Manet. À partir de 1880, il reçoit les jeunes poète chez lui, rue de Rome, tous les mardis. Villiers de L'Isle-Adam, qui s'est tourné vers le théâtre avant la guerre (*Elën*, 1865 ; *Morgane*, 1866), fait paraître en 1872 la première partie de son drame *Axël*, œuvre idéaliste d'inspiration wagnérienne et syncrétique, et en 1883, les *Contes cruels*, où se mêlent révolte et désespoir, férocité et humour noir.

Qu'elle fleurisse dans le salon de Mallarmé, chez les Hydropathes du Quartier latin ou au cabaret du Chat Noir à Montmartre ; qu'elle se nomme symboliste, décadente ou fumiste, la poésie de la fin du siècle a un maître mot : la liberté. C'est d'abord une liberté personnelle et politique. Entre 1879 et 1885, les ministères opportunistes abolissent les dispositions répressives du Second Empire : la législation sur les débits de boisson s'assouplit ; les réunions publiques peuvent se tenir sans autorisation ; le colportage, la presse, et le syndicalisme sont libéralisés. Beaucoup de poètes désertent les salons pour se réunir au café ou au cabaret. La multiplication des revues leur permet de se regrouper par tendances. Les Décadents écrivent dans *Le Scapin* ou dans *Lutèce* ; les Symbolistes publient dans *La Revue wagnérienne* ou dans le *Mercure de France*. De la libéralisation naît une grande liberté de ton : épigrammes, mystifications, chansons satiriques et parodies témoignent de la distance prise par certains artistes avec les institutions, avec la morale et avec la création littéraire. La liberté des années 1880 est aussi une liberté esthétique. Pour Mallarmé, la littérature subit une crise salutaire, « exquise » et « fondamentale » : maintenant que Hugo est mort, le vers peut « s'évader » de la métrique, s'épanouir librement et chercher des formes nouvelles (*Crise de vers*, 1892). Les jeunes poètes se mettent à secouer le joug du vers parnassien, à assouplir le rythme poétique en libérant l'alexandrin, et à délaisser les grands thèmes romantiques ou parnassiens pour exprimer une nouvelle sensibilité.

La renaissance poétique éclôt dans une certaine confusion. La naissance officielle du Symbolisme (1886) clarifie la situation sans la simplifier. Les étiquettes si commodes de Symbolisme, de Décadence et de Fumisme, désignent en effet des phénomènes complexes et souvent nébuleux. La plupart des Symbolistes sont issus du courant décadent ; si plusieurs d'entre eux se tournent résolument vers la nouvelle esthétique, d'autres conservent dans leur inspiration des traces de leur ancienne appartenance. En Belgique, les poètes adaptent les grands principes du Symbolisme français à leur sensibilité personnelle, proche de celle des Décadents. Les luttes internes au Symbolisme provoquent des scissions et des polémiques. Le Symbolisme lui-même regroupe des poètes dissemblables : Albert Samain aime la simplicité et la mélancolie alors qu'Adolphe Retté exprime un idéalisme absolu. Les choix formels des auteurs ne facilitent pas toujours les classifications : il y a autant de vers-libristes chez les Décadents que chez les Symbolistes. Un Symboliste comme Henri de Régnier écrit aussi bien en vers libres qu'en vers réguliers. Il y a par ailleurs dans le ciel poétique de la fin du siècle des comètes qui n'appartiennent à aucune constellation. C'est l'époque des indépendants, des marginaux et des inclassables, bref des « maudits ». Le recueil de Corbière *Les Amours jaunes* passe inaperçu lors de sa publication (1873) ; malgré l'influence qu'il exerce sur Jules Laforgue, sur Jean Richepin et sur Verlaine, le poète breton reste mésestimé. Il est soupçonné d'amateurisme ; sa poésie ironique et provocatrice, son vers cahotant qui maltraite la prosodie traditionnelle, sa langue prosaïque et ludique, et ses images déroutantes nées des associations les plus surprenantes laissent les lecteurs perplexes.

Les Amours jaunes, 1873
Corbière

DUEL AUX CAMÉLIAS

J'ai vu le soleil dur contre les touffes
Ferrailler. — J'ai vu deux fers soleiller,
Deux fers qui faisaient des parades bouffes ;
Des merles en noir regardaient briller.

Un monsieur en linge arrangeait sa manche ;
Blanc, il me semblait un gros camélia ;
Une autre fleur rose était sur la branche,
Rose comme... Et puis le fleuret plia.

— Je vois rouge... Ah oui ! c'est juste : on s'égorge —
... Un camélia blanc — là — comme Sa gorge...
Un camélia jaune, — ici — tout mâché...

Amour mort, tombé de ma boutonnière.
— À moi, plaie ouverte et fleur printanière !
Camélia vivant, de sang panaché !

Comme Corbière, Lautréamont attire l'attention de quelques curieux, sans provoquer l'admiration qu'il suscitera chez les Surréalistes ; l'époque n'est pas prête à accueillir l'outrance et la subversion de la prose poétique des *Chants de Maldoror* (1869) :

> Plût au ciel que le lecteur, enhardi et devenu momentanément féroce comme ce qu'il lit, trouve, sans se désorienter, son chemin abrupt et sauvage, à travers les marécages désolés de ces pages sombres et pleines de poison ; car, à moins qu'il n'apporte dans sa lecture une logique rigoureuse et une tension d'esprit égale au moins à sa défiance, les émanations mortelles de ce livre imbiberont son âme comme l'eau le sucre. Il n'est pas bon que tout le monde lise les pages qui vont suivre : quelques-uns seuls savoureront ce fruit amer sans danger. Par conséquent, âme timide, avant de pénétrer plus loin dans de pareilles landes inexplorées, dirige tes talons en arrière et non en avant. […]

Charles Cros, dont les prestations font les délices des commensaux du Chat Noir, n'obtient pas la reconnaissance espérée avec *Le Coffret de Santal* (1873), étonnant recueil où se mêlent inspiration parnassienne et sensibilité décadente, fantaisie populaire et hallucinations, mélancolie et ironie.

Dans un tel déchaînement de tempéraments divers, il est cependant possible de faire des regroupements : deux grands courants, la Décadence et le Symbolisme, drainent les esprits novateurs et font s'épanouir la nouvelle poésie.

II – La sensibilité décadente

A – La Muse au cabaret

L'esprit décadent naît dans les cabarets qui accueillent la fine fleur de la bohème parisienne. Les poètes, qui se retrouvent régulièrement autour d'un verre d'absinthe et qui échangent leurs vues sur la poésie, créent spontanément de nouveaux cercles littéraires. En 1878, au Café de la Rive Gauche, dans le Quartier Latin, les Hydropathes se livrent à toutes sortes d'expériences poétiques et de mystifications : Émile Goudeau, Jean Moréas, Maurice Rollinat et Laurent Tailhade entrent en scène. Le public qui vient les applaudir est composé de poètes, d'artistes marginaux, d'étudiants en veine de chahut et de bourgeois amateurs d'encanaillement. En 1881, les Hydropathes se rebaptisent les Hirsutes et changent de rive : Montmartre devient le royaume de la « blague » et de la liberté. En 1882, Léo Trézenik fonde la revue *Lutèce* et donne ainsi une tribune aux jeunes poètes. À la même époque, Rodolphe Salis, peintre, poète et journaliste, rachète un ancien bureau de poste du boulevard Rochechouart et le transforme en cabaret. Rien de plus étranger au salon confiné de Mallarmé que la salle du Chat Noir. Les poètes s'y exhibent dans le tapage et la fumée. Rollinat déclame des fantaisies macabres en s'accompagnant au piano, Aristide Bruant chante ses meilleurs couplets et Charles Cros soulève l'enthousiasme avec ses monologues. Stimulé par le succès, Salis fonde un hebdomadaire qui permet aux artistes de toucher un plus large public. Au sommaire : les bouffonneries de Willy, les mots d'esprit d'Alphonse Allais, les dessins de Caran d'Ache, les parodies de Coppée par Jean Lorrain et par Germain Nouveau, et les épigrammes satiriques de Villiers. *Le Chat Noir* obtient des collaborations de Verlaine et, fait plus surprenant, de Mallarmé.

Ce sont la liberté et la dérision qui unissent les artistes. Mais le fumisme dont se réclame la bohème n'est pas entièrement gratuit. En parodiant les écrivains célèbres et les styles poétiques avant-gardistes, les poètes, les chroniqueurs et les chansonniers de cabaret malmènent l'institution littéraire et désacralisent l'art. Ils se proclament héritiers de Villon, de Rabelais, de Béranger, de Verlaine, et même de Banville : ne doivent-ils pas au poète des *Odes funambulesques* l'utilisation ludique des ressources de la prosodie française ? Le sujet bas revient en poésie : Victor Meusy chante le fromage et Raoul Ponchon la soupe à l'oignon. Les iconoclastes épinglent les poncifs romantiques, parnassiens et symbolistes : exotisme, synesthésie, wagnérisme, recherches formelles sont parodiés sans états d'âme. Les sonnets contiennent des considérations obscènes, des calembours et de l'humour noir ; les vers libres s'inspirent du rythme des refrains populaires. La musicalité de la poésie est une rengaine de l'époque ? Qu'à cela ne tienne ! Le poème façon Chat Noir fraternise avec la chanson de boulevard et le couplet satirique. La parole poétique perd sa dimension sacrée et oraculaire ; elle quitte le livre, où le long labeur du poète la mûrit traditionnellement, pour s'égayer de la parole quotidienne. Jehan Rictus et Jean Richepin utilisent l'apocope et apostrophent l'auditeur ou le lecteur. Volontiers prosaïque et ludique, la poésie bohème bouscule les genres littéraires et les registres de langue. Elle détruit la frontière entre l'écrit et l'oral et dépouille l'écrit de sa solennité. Poème de la dérision et de l'absurde, « Le Hareng saur » de Charles Cros, a été écrit pour être dit.

Le Coffret de santal, 1873
Cros

LE HARENG SAUR

Il était un grand mur blanc — nu, nu, nu,
Contre le mur une échelle — haute, haute, haute,
Et, par terre, un hareng saur — sec, sec, sec.

Il vient, tenant dans ses mains — sales, sales, sales,
Un marteau lourd, un grand clou — pointu, pointu, pointu,
Un peloton de ficelle — gros, gros, gros.

Alors il monte à l'échelle — haute, haute, haute,
Et plante le clou pointu — toc, toc, toc,
Tout en haut du grand mur blanc — nu, nu, nu.

Il laisse aller le marteau — qui tombe, qui tombe, qui tombe,
Attache au clou la ficelle — longue, longue, longue,
Et, au bout, le hareng saur — sec, sec, sec.

Il redescend de l'échelle — haute, haute, haute,
L'emporte avec le marteau — lourd, lourd, lourd,
Et puis, il s'en va ailleurs, — loin, loin, loin.

Et, depuis, le hareng saur — sec, sec, sec,
Au bout de cette ficelle — longue, longue, longue,
Très lentement se balance — toujours, toujours, toujours.

J'ai composé cette histoire — simple, simple, simple,
Pour mettre en fureur les gens — graves, graves, graves,
Et amuser les enfants — petits, petits, petits.

Les gazettes rimées que Raoul Ponchon donne au *Courrier français* à partir de 1886 sont proches de la langue parlée, ce qui n'empêche pas le poète de modifier l'orthographe ou la syntaxe pour conserver, de manière ironique, la traditionnelle rime pour l'œil. Allais, quant à lui, invente un poème où les rimes se placent en début de vers. Chez d'autres auteurs, le poème se réduit à un exercice de bouts rimés, où la rime exhibe sa fonction de cheville poétique. Certains rimeurs racontent en vers une histoire absurde dans le seul but de préparer la chute finale, fondée sur un jeu de mots.

La dérision et la subversion expriment le pessimisme et le nihilisme fondamentaux des poètes de cabaret. La désinvolture et la confusion reflètent le doute et l'incertitude d'une génération désenchantée, issue de la défaite, née sur les décombres du positivisme et des valeurs traditionnelles. Des écrivains que tout sépare — Jules Vallès et Villiers de l'Isle-Adam, Jean Lorrain et Raoul Ponchon — partagent le même sentiment d'absurdité et de décadence. Ils expriment leur désespoir, leur révolte et leur impuissance en mêlant la mélancolie à l'ironie, le tragique au bouffon. Dans un esprit d'opposition systématique, les artistes de cabaret prônent le rire — franc, jaune ou grinçant — et l'auto-dérision. En chantant la boisson et les plaisirs terrestres, ils redonnent à l'artiste une dimension humaine, mais si terriblement humaine qu'elle en devient burlesque. Toutefois, en valorisant le langage pour lui-même, pour ses virtualités et pour ses pouvoirs, ils rejoignent paradoxalement les Symbolistes dans leur quête d'un nouveau langage, affranchi de la représentation réaliste. Leur désordre ne peut cependant pas engendrer de véritable révolution poétique. Pour Moréas ou pour Lorrain, les pochades de cabaret sont des défoulements qui ne remplacent pas le véritable travail poétique. Après 1887, l'esprit montmartrois se délite ; il perdure mais doit attendre la génération d'Apollinaire pour retrouver de sa vitalité.

Le désenchantement et la révolte ont engendré des tentatives poétiques plus « sérieuses » et plus solennelles que celles des cabarets. Né du fumisme, le mouvement décadent se donne pour mission d'exprimer la sensibilité fin-de-siècle et de faire naître la poésie moderne. Il va un temps concurrencer le Symbolisme naissant.

Florilège fumiste

Le Parnassiculet contemporain, 1867
Arène et Daudet

PANTHÉISME

C'est le Milieu, la Fin, et le Commencement,
Trois et pourtant Zéro, Néant et pourtant Nombre
Obscur puisqu'il est clair et clair puisqu'il est sombre
C'est Lui la Certitude et Lui l'Effarement.

Il nous dit Oui toujours, puis toujours se dément.
Oh ! qui dévoilera quel fil de Lune et d'Ombre
Unit la fange noire et le bleu firmament,
Et tout ce qui va naître avec tout ce qui sombre ?

Car Tout est tout ! Là-haut, dans l'Océan du Ciel,
Nagent parmi les flots d'or rouge et les désastres
Ces poissons phosphoreux que l'on nomme des Astres,

Pendant que dans le Ciel de la Mer, plus réel,
Plus palpable, ô Proteus ! mais plus couvert de voiles,
Le vague Zoophyte a des formes d'étoiles.

Album zutique, 1871
Rimbaud

LE BALAI

C'est un humble balai de chiendent, trop dur
Pour une chambre ou pour la peinture d'un mur.
L'usage en est navrant et ne vaut pas qu'on rie.
Racine prise à quelque ancienne prairie
Son crin inerte sèche : et son manche a blanchi.
Tel un bois d'île à la canicule rougi.
La cordelette semble une tresse gelée.
J'aime de cet objet la saveur désolée
Et j'en voudrais laver tes bords larges de lait,
Ô Lune où l'esprit de nos sœurs mortes se plaît.

(Parodie de François Coppée)

Les Déliquescences d'Adoré Floupette, 1885
Beauclair & Vicaire

SYMPHONIE EN VERT MINEUR
VARIATION SUR UN THÈME VERT POMME

Scherzo

Si l'âcre désir s'en alla,
C'est que la porte était ouverte.
Ah ! verte, verte, combien verte,
Était mon âme, ce jour-là !

C'était — on eût dit, — une absinthe,
Prise, — il semblait, — en un café,
Par un Mage très échauffé,
En l'Honneur de la Vierge sainte.

C'était un vert glougloutement
Dans un fossé de Normandie,
C'était les yeux verts d'Abadie
Qu'on a traité si durement.

C'était la voix verte d'un orgue,
Agonisant sur le pavé ;
Un petit enfant conservé,
Dans de l'eau très verte, à la Morgue.

Ah ! comme vite s'en alla,
Par la porte à peine entr'ouverte,
Mon âme effroyablement verte,
Dans l'azur vert de ce jour-là !

(Parodie de l'inspiration décadente
et du poème de Verlaine cité p. 47)

Le Chat Noir, 17 décembre 1892
Willy

Le mauvais accueil
Fable

Que nul n'entre chez moi ! dit l'auteur du *Trouvère*,
Et, pour faire observer sa consigne sévère,
Il avertit sa bonne, un monstre à traits hideux.

Morale
La bonne à Verdi en vaut deux.

Le Chat Noir, 14 avril 1894
M. Irlande

Élégie réaliste

En un bois écarté, pour être plus à l'aise,
D'un excellent pudding déjeunait une anglaise.
Un boa constrictor, sur son arbre perché,
La regardait manger ce gâteau recherché.
— Laissons-la s'empiffrer de bonne nourriture
(Se dit-il), et bientôt, j'en ferai ma pâture.
Alors, comme il avait un fameux appétit,
Sans pitié sans remords, le monstre l'engloutit,
Ainsi que vous feriez d'une simple sardine,
Au moment qu'elle allait chanter : *God save the queen !*

Dès qu'il eut achevé ce modeste repas,
Le vorace animal frémit de haut en bas.
Pourquoi ?... je ne saurais expliquer ces énigmes,
Mais les ventres anglais sont pleins de borborygmes.
En digérant un bol de thé, pour la plupart,
C'est vraiment effrayant ce qu'ils font de chambard !
Par ses gargouillements, l'intestin britannique

> Dans le cœur du serpent fit naître la panique.
> Versant des pleurs amers sur son avidité,
> Par une clarinette il se crut habité,
> Si bien que, rejetant la funeste pâture
> Et rendant sa belle âme au dieu de la Nature,
> Il contemple le jour pour la dernière fois.
>
> *Moralité*
> Ah ! que le son du corps est triste au fond du boa !
> (Parodie du poème de Vigny « Le Cor »)
>
> **Le Sourire**, 15 février 1900
> Allais
>
> Le mariage d'une jeune niaise
>
> Bête à ne savoir pas dire la moindre phrase,
> Cette dinde épousa Gontran de Saint-Omer
> Qu'elle voyait depuis vingt ans aux bains de mer.
> Tant va la cruche à l'eau qu'enfin elle se case.

B – Mirages décadents

Un manifeste paru en 1885, dans le numéro 18 du *Scapin*, nous montre la manière dont les poètes ont perçu leur époque :

> Notre époque, fleurie de crimes habilement forfaicturés, de cabarets et de tavernes aux prétentions littéraires et aux vitraux peints, de prostitution étonnamment raffinée, de perversité cruelle et de blasement général, nous est l'image fidèle de l'ère des derniers Césars... Notre fin de dix-neuvième siècle, en notre Paris fait un peu de Rome, s'écartant de l'ornière creusée par le Roi-Soleil, dans les lettres, devait être taxée de Décadence.
> (Cité par Ernest Raynaud, *La Mêlée symboliste* I, 1918)

Les artistes pensent vivre une nouvelle décadence latine, compliquée des névroses et des laideurs du monde moderne. Ils ont le sentiment que la vie et l'art sont dans une impasse. Ils se sentent étrangers au monde et demandent soit aux sensations, soit à l'idéal de suppléer au vide de l'existence.

La sensibilité décadente se développe en effet selon deux directions. La première, suivie par Lorrain, Moréas ou Rollinat, retrouve le Baudelaire du spleen, des *Paradis artificiels*, de l'« Éloge du maquillage » et de « *Franciscae meae laudes* », le peintre de la vie moderne. Les Romantiques et les Parnassiens se plaisaient devant les spectacles de la nature ; les Symbolistes s'installent dans une rêverie idéale ; les Décadents sont fascinés par la ville et s'enferment dans des lieux clos, symboliques de leurs obsessions. Volontiers névrosés, abhorrant le réel, ils cherchent dans l'imaginaire et les stupéfiants — éther, opium, morphine — des sensations inconnues et exacerbées. Ils sont, au sens propre, énervés : « Une attaque de nerfs sur du papier ! voilà l'écriture moderne », déclare Adoré Floupette dans la préface de ses *Déliquescences*. Le titre adopté par Beauclair et Vicaire pour leur pastiche de la poésie fin-de-siècle est particulièrement bien choisi. Les Décadents sont obsédés par la pourriture, par la morbidité et par la mort. Ils y découvrent leur identité et se complaisent à les évoquer. Dans le même temps, pour parer à la déréliction fatale qu'impose la nature aux êtres vivants, ils valorisent l'artifice et le raffinement dans un style recherché et travaillé. « Le Hareng saur » de Huysmans est, de ce point de vue, bien différent de celui de Cros (cf. p. 40).

> ***Le Drageoir aux épices*, 1894**
> **Huysmans**
>
> LE HARENG SAUR
>
> Ta robe, ô hareng, c'est la palette des soleil couchants, la patine du vieux cuivre, le ton bruni des cuirs de Cordoue, les teintes de santal et de safran des feuillages d'automne !
> Ta tête, ô hareng, flamboie comme un casque d'or, et l'on dirait de tes yeux des clous noirs plantés dans des cercles de cuivre !
> Toutes les nuances tristes et mornes, toutes les nuances rayonnantes et gaies amortissent et illuminent tour à tour ta robe d'écaille.
> À côté des bitumes, des terres de Judée et de Cassel, des ombres brûlées et des verts de Scheele, des bruns Van Dyck et des bronzes florentins, des teints de rouille et de feuilles mortes, resplendissent, de tout leur éclat, les ors verdis, les ambres jaunes, les orpins, les ocres de rhu, les chromes, les oranges de mars !
> Ô miroitant et terne enfumé, quand je contemple ta cotte de mailles, je pense aux tableaux de Rembrandt, je revois ses têtes superbes, ses chairs ensoleillées, ses scintillements de bijoux sur le velours noir ; je revois ses jets de lumière dans la nuit, ses traînées de poudre dans l'ombre, ses éclosions de soleils sous les noirs arceaux !

Mais l'artifice, comme toute création humaine, est voué à la dégradation. Dans sa précarité, il cache en même temps qu'il souligne les ravages de la nature. De même, les expériences-limites et les paradis artificiels facilitent l'évasion dans le rêve tout en approfondissant le fossé entre les fantasmes et la réalité. De quelque côté qu'ils se tournent, les Décadents ne voient que le néant. Ils font alors du mal, de la provocation et de la transgression des bannières : marginalisation, perversions sexuelles, mysticisme « gothique », satanisme, morts violentes sont au service d'une inversion généralisée des valeurs. La femme incarne la tentation et devient fatale, à l'instar de la Salomé biblique, modèle mythique de la féminité décadente. Écoutons Maurice Rollinat.

> **Les Névroses**, 1883
> Rollinat
>
> LE FOU
>
> Je rêve un pays rouge et suant le carnage,
> Hérissé d'arbres verts en forme d'éteignoir,
> Des calvaires autour, et dans le voisinage
> Un étang où pivote un horrible entonnoir.
> Farouche et raffolant des donjons moyen âge,
> J'irais m'ensevelir au fond d'un vieux manoir :
> Comme je humerais le mystère qui nage
> Entre de vastes murs tendus de velours noir !
> Pour jardins, je voudrais deux ou trois cimetières
> Où je pourrais tout seul rôder des nuits entières ;
> Je m'y promènerais lugubre et triomphant,
> Escorté de lézards gros comme ceux du Tigre.
> — Oh ! fumer l'opium dans un crâne d'enfant,
> Les pieds nonchalamment appuyés sur un tigre !

La deuxième direction prise par la Décadence retrouve le Verlaine de *Romances sans paroles* (1874). Les poètes qui la suivent — Gustave Kahn, Louis Le Cardonnel — ne dédaignent pas le réel ; ils perçoivent dans les réalités quotidiennes des mystères qu'ils s'efforcent de saisir. Ils cherchent à exprimer leurs impressions personnelles et à en dégager la sensation pure. Avec le Parnasse, les sentiments intérieurs avaient été bannis ; avec Verlaine, les états d'âme ont à nouveau droit de cité en poésie.

> ***Romances sans paroles***, 1874
> Verlaine
>
> ARIETTES OUBLIÉES (VII)
>
> Ô triste, triste était mon âme
> À cause, à cause d'une femme.
>
> Je ne me suis pas consolé
> Bien que mon cœur s'en soit allé,
>
> Bien que mon cœur, bien que mon âme
> Eussent fui loin de cette femme.
>
> Je ne me suis pas consolé,
> Bien que mon cœur s'en soit allé.
>
> Et mon cœur, mon cœur trop sensible
> Dit à mon âme : Est-il possible,
>
> Est-il possible, — le fut-il, —
> Ce fier exil, ce triste exil ?
>
> Mon âme dit à mon cœur : Sais-je
> Moi-même que nous veut ce piège
>
> D'être présents bien qu'exilés,
> Encore que loin en allés ?

Mais contrairement aux Romantiques qui ne dédaignaient ni l'emphase ni l'épanchement, Verlaine adopte un lyrisme plus intime, où la mélancolie affleure, plus diffuse et plus impalpable. Les Décadents, à leur tour, expriment leurs rêves et leurs sensations fugitives sur un « mode mineur », grâce au vers libre et au poème en prose, seules formes capables de rendre les variations de la perception et du sentiment. Rejetant l'expression directe et provocatrice de leurs pairs, ils désirent être des impressionnistes :

> Chantonne lentement et très bas... mon cœur pleure...
> Tristement, doucement, plaque l'accord mineur ;
> Il fait froid, il pâlit quelque chose dans l'heure...
> Un vague très blafard étreint l'âpre sonneur.
> Arrête-toi... c'est bien... mais ta voix est si basse !...
> Trouves-tu pas qu'il sourd comme un épais sanglot ?
> Chantonne lentement, dans les notes il passe,
> Vrillante, l'âcreté d'un malheur inéclos.
> [...]
> (Gustave Kahn, *Les Palais nomades*, 1887)

Le Décadent demande à la poésie d'exprimer l'ailleurs, de dévoiler le mystère du monde et d'expliquer le secret de la Vie. Toute l'ambiguïté de la Décadence gît dans cette apparente contradiction : son nom signifie la mort mais aussi la renaissance. Les Décadents veulent exprimer ce qui n'avait jamais été exprimé avant eux : la Vie dans ses aspects les plus intimes et les plus secrets, la vérité idéale de la Vie. Ils ont recours au symbole, qu'ils considèrent comme la forme poétique par essence, à la synesthésie, qui garantit la plénitude des sensations, et au vers libre, qui fait la poésie sonore et vibrante. C'est tout le Symbolisme qui est en germe dans ces principes.

Jules Laforgue tient une place à part dans le mouvement décadent. Il fréquente les Hydropathes et collabore à diverses revues, mais sa démarche originale, son indépendance et sa mort prématurée font de lui un marginal parmi les marginaux. Comme les autres Décadents, c'est un pessimiste : l'idéal se dérobe sans cesse ; l'ailleurs ne s'atteint que par le rêve et par l'illusion. Mais Laforgue recourt à l'ironie et à l'auto-dérision pour conjurer le tragique de l'existence. Il se présente en Pierrot, comme d'autres en saltimbanques, et se moque de son propre idéalisme nostalgique. Il refuse à sa souffrance les formes du lyrisme traditionnel. Utilisant l'apocope et le vers libre, désarticulant le rythme et la syntaxe, s'inspirant de la tradition populaire, inventant des néologismes, des « collages » et des jeux de mots, le poète trouve dans la complainte l'expression la plus efficace de sa vision du monde.

> **_Les Complaintes_, 1885**
> Laforgue
>
> COMPLAINTE DES COMPLAINTES
>
> Maintenant ! Pourquoi ces complaintes ?
> Gerbes d'ailleurs d'un défunt Moi
> Où l'ivraie art mange la foi ?
> Sot tabernacle où je m'éreinte
> À cultiver des roses peintes ?
> Pourtant ménage et sainte-table !
> Ah ! ces complaintes incurables,
>   Pourquoi ? pourquoi ?
>
> Puis, Gens à qui les fugues vraies
> Que crie, au fond, ma riche voix
>   — N'est-ce pas, qu'on les sent parfois ? —
> Attoucheraient sous leurs ivraies
> Les violettes d'une Foi,
> Vous passerez, imperméables
> À mes complaintes incurables ?
>   Pourquoi ? pourquoi ?
>
> Chut ! tout est bien, rien ne s'étonne.
> Fleuris, ô Terre d'occasion,
> Vers les mirages des Sions !
> Et nous, sous l'Art qui nous bâtonne,
> Sysiphes par persuasion,
> Flûtant des christs les vaines fables,
> Au cabestan de l'incurable
>   POURQUOI ! pourquoi ?

La Décadence n'est pas une école mais une sensibilité. Tiraillée entre nihilisme et idéalisme, elle n'a pas de doctrine cohérente qui lui permette de faire autorité. Il lui faudrait aussi un chef de file ; Verlaine, malgré sa bienveillance, refuse de se laisser embrigader. La révolution des années 1880 va sortir du salon de Mallarmé. La naissance du Symbolisme sonne le glas de la Décadence. Les derniers Décadents tentent de réagir en fondant, à l'instigation d'Anatole Baju, une véritable école littéraire : le Décadisme. Laurent Tailhade, Ernest Raynaud et Maurice du Plessys accusent les Symbolistes de les avoir imités. Peine perdue : en 1889, le Décadisme meurt irrémédiablement, tandis que le Symbolisme prend peu à peu toute sa mesure, affirme sa cohérence et son originalité. La nouvelle esthétique, tant attendue depuis la fin de la guerre, s'impose et touche aussi bien la poésie que le théâtre et les arts plastiques. Durant tout le siècle, les poètes s'étaient situés par rapport au Romantisme ; à partir de 1886 et jusqu'en 1912 au moins, ils se réfèrent d'une manière ou d'une autre au Symbolisme.

III – Le Symbolisme ou l'école qui n'existait pas

> Définir le Symbolisme, qui donc y réussirait ? Au plus peut-on essayer d'éclaircir quelque peu le brouillard ambiant, et encore avec la volonté de n'émettre que des idées personnelles.
>
> (Émile Verhaeren, *Le Symbolisme*, 1887)

En 1885, Mallarmé publie la « Prose pour des Esseintes » dans *La Revue indépendante*. Beaucoup d'artistes — Édouard Dujardin, Henri de Régnier, Francis Vielé-Griffin, Charles Morice, René Ghil, le peintre James Whistler — se pressent le mardi dans le salon du maître, où Paul Valéry les rejoint en 1887. Ils déclament leurs vers, écoutent le maître dire les siens et l'interrogent sur le devenir et l'essence de la poésie. Quand Mallarmé intervient, le public ému et recueilli « ne boude pas sa joie, ne rougit pas de mal analyser […], remet à jamais la satisfaction de tout comprendre » (Henri Mondor, *Vie de Mallarmé*, 1942). Dans ce cénacle comme dans les milieux décadents, il est de plus en plus question de symbole et de poésie suggestive. Mais le Symbolisme n'est pas encore né.

Le Symbolisme naît officiellement en 1886 avec le *Manifeste du symbolisme* de Moréas (*Le Figaro*, 18 septembre 1886) et avec le *Traité du Verbe* de Ghil, ouvrage précédé d'un « avant-dire » de Mallarmé qui synthétise les grands principes du nouveau mouvement. Celui-ci est à présent en mesure d'affirmer son identité et son autonomie. Les idées, exposées avec enthousiasme et véhémence dans les textes de Ghil et de Moréas, fondent un discours théorique auquel peuvent désormais se référer partisans et adversaires de la nouvelle esthétique. À peine le *Manifeste* et le *Traité* sont-ils publiés qu'ils provoquent des remous au sein même du courant symboliste. Ghil et Moréas sont l'un et l'autre persuadés de détenir l'authentique définition du Symbolisme ; ils s'accusent mutuellement d'être plus décadents que symbolistes. Malgré les luttes d'influence, les dissensions et les attaques, le Symbolisme s'impose progressivement et durablement car il renouvelle profondément la sensibilité et la création poétiques. En Belgique, le symbolisme connaît une vitalité remarquable. Plusieurs revues, comme *La Jeune Belgique*, *La Basoche* et *La Wallonie* développent les relations entre les Symbolistes belges et français. Néanmoins, l'aventure des Symbolistes belges demeure singulière : Georges Rodenbach, Émile Verhaeren, Maurice Maeterlinck, Max Elskamp adaptent les principes symbolistes à leur sensibilité d'hommes du Nord en conciliant idéalisme et sincérité.

***Enluminures*, 1898**
Elskamp

PUIS VIOLON HAUSSÉ D'UN TON

Puis violon
haussé d'un ton,
— c'est dans le cahier à chanter —
alors le très vieux boulanger
qui bat sa femme
nue corps et âme,

et violon
baissé d'un ton,
c'est le soleil avec la pluie,
emménageant la diablerie
d'une kermesse
sans cloche ou messe.

Puis violons
trop doux et bons
aux maisons de mauvaise vie,
c'est à l'amour, jusqu'à la lie,
les matelots
suivant leur lot ;

et violons,
accordéons,
et musiques à l'unisson
des couteaux en l'honneur des femmes
lors c'est chanson
à fendre l'âme.

À partir des années 1890, les luttes s'apaisent. D'un côté, les détracteurs du Symbolisme continuent de minimiser l'importance du mouvement. C'est le cas du naturaliste Paul Alexis, qui déclare à Jules Huret : « Le Symbolisme ? Ça n'existe même pas ». De l'autre côté, les défenseurs du Symbolisme refusent de considérer leur courant comme une école : ils évitent ainsi les polémiques et préservent leur indépendance. Charles Morice, porte-parole du Symbolisme, déclare : « L'école symboliste ? Il faudrait d'abord qu'il y en ait une. Pour ma part je n'en connais pas » (*Enquête sur l'évolution littéraire*). Moréas, qui se présentait en 1886 comme le héraut du mouvement et le garant de son orthodoxie, déclare en 1891 : « Il n'y a pas d'école dans le sens strict du mot. Chacun garde son individualité [...] mais il y a, fatalement, convergence d'individualités, d'où manifestation collective » (*Ibid.*).

A – L'ascendance des Symbolistes

Pour novateur qu'il soit, le Symbolisme ne fait pas table rase du passé ; il bénéficie des recherches poétiques qui l'ont précédé, y compris de celles du Parnasse.

« Baudelaire doit être considéré comme le véritable précurseur du mouvement actuel », affirme Moréas dans son *Manifeste*. Comme les Parnassiens, les Symbolistes ont trouvé chez Baudelaire leurs idéaux poétiques : la purification et l'autonomie de la poésie, l'infaillibilité du poète qui domine la nature, et la valorisation de la dimension sensible du langage. Mais chez eux, la logique des correspondances prend une dimension nouvelle : elle fonde l'esthétique de la suggestion.

> **Les Fleurs du mal, 1857**
> Baudelaire
>
> CORRESPONDANCES
>
> La Nature est un temple où de vivants piliers
> Laissent parfois sortir de confuses paroles ;
> L'homme y passe à travers des forêts de symboles
> Qui l'observent avec des regards familiers.
>
> Comme de longs échos qui de loin se confondent
> Dans une ténébreuse et profonde unité,
> Vaste comme la nuit et comme la clarté,
> Les parfums, les couleurs et les sons se répondent.
>
> Il est des parfums frais comme des chairs d'enfants,
> Doux comme les hautbois, verts comme les prairies,
> — Et d'autres, corrompus, riches et triomphants,
>
> Ayant l'expansion des choses infinies,
> Comme l'ambre, le musc, le benjoin et l'encens
> Qui chantent les transports de l'esprit et des sens.

Selon Baudelaire, le poète exprime le sens profond et caché de la nature et de la vie au moyen de la « sorcellerie évocatoire » : grâce aux pouvoirs de l'imagination créatrice et du langage poétique, il tente de découvrir l'unité primitive et mystérieuse du monde. L'analogie est l'instrument essentiel de cette quête : elle produit la métaphore exacte qui communique au lecteur les visions du poète et qui relie les idées supra-naturelles au monde naturel ; elle justifie la synesthésie, qui établit des relations entre les différents ordres sensoriels, et qui démultiplie les sensations. Grâce aux synesthésies, le poète se trouve en état d'« hyper-réceptivité » et communique directement avec la nature. Ces correspondances « horizontales » sont liées à des correspondances « verticales » entre le sensible et le spirituel qui guident le poète à travers les arcanes mystérieux de la nature. Dans *Les Gammes* (1887), Stuart Merrill cherche à percevoir et à suggérer l'ordre mystérieux du monde.

> **Les Gammes**, 1887
> Merrill
>
> NOCTURNE
>
> à J.-K Huysmans
>
> La blême lune allume en la mare qui luit,
> Miroir des gloires d'or, un émoi d'incendie.
> Tout dort. Seul, à mi-mort, un rossignol de nuit
> Module en mal d'amour sa molle mélodie.
>
> Plus ne vibrent les vents en le mystère vert
> Des ramures. La lune a tu leurs voix nocturnes :
> Mais à travers le deuil du feuillage entrouvert
> Pleuvent les bleus baisers des astres taciturnes.
>
> La vieille volupté de rêver à la mort
> À l'entour de la mare endort l'âme des choses.
> À peine la forêt parfois fait-elle effort
> Sous le frisson furtif de ses métamorphoses.
>
> Chaque feuille s'efface en des brouillards subtils.
> Du zénith de l'azur ruisselle la rosée
> Dont le cristal s'incruste en perles aux pistils
> Des nénufars flottant dans l'eau fleurdelisée.
>
> Rien n'émane du soir, ni vol, ni vent, ni voix,
> Sauf lorsqu'au loin des bois, par soudaines saccades,
> Un ruisseau turbulent croule sur les gravois :
> L'écho s'émeut alors de l'éclat des cascades.

Dans la logique baudelairienne de l'analogie universelle, le symbole n'est pas ce qui représente ou incarne les mystères naturels ; comme l'imagination, il est au service de la toute-puissance du poète qui ordonne et unifie les éléments bruts et incohérents de la nature. Avec Baudelaire, la poésie cesse d'être un art de représentation pour devenir un art de création et d'expérimentation. Le poète n'est plus un aède ou un mage : il devient dieu et sa parole poétique un Verbe créateur. Mallarmé, très influencé par Baudelaire dans sa jeunesse, s'approprie plusieurs principes baudelairiens, les développe et les transmet à ses disciples.

Si Mallarmé n'est pas symboliste, il est le maître à penser de la jeune génération. Les jeunes poètes s'inspirent, sans toujours les comprendre, de ses idées et de ses recherches. L'un des fondements de la poétique mallarméenne est la suggestion :

> Nommer un objet, c'est supprimer les trois quarts de la jouissance du poème qui est faite du bonheur de deviner peu à peu ; le suggérer, voilà le rêve. (*Enquête sur l'évolution littéraire*)

Selon Mallarmé, les Parnassiens se sont trompés en présentant directement les choses de la nature. L'art véritable réside dans l'allusion à l'objet ; celui-ci, quand il est évoqué et non montré, peut faire émaner sa notion pure :

Je dis : une fleur ! et, hors de l'oubli où ma voix relègue aucun contour, en tant que quelque chose d'autre que les calices sus, musicalement se lève, idée même et suave, l'absente de tous bouquets. (Avant-dire au *Traité du Verbe*)

Le symbole permet le passage — ou la transposition — de l'objet concret à la notion pure. Mais les objets sont nombreux et l'Idée — ou la Vérité — est unique. Le travail du poète consiste à saisir les rapports entre les choses, à trouver et à recréer l'unité primitive : ce sont « ces rapports qui forment les vers et les orchestrent » (*Enquête sur l'évolution littéraire*). La musique verbale, rendant le vers plus fluide et plus mobile, fait vibrer les mots et crée des liaisons harmoniques entre eux. Mallarmé invente un nouveau langage poétique : la langue vulgaire qui sert à « l'universel reportage » et aux conversations quotidiennes est impure. Le poète doit « donner un sens plus pur aux mots de la tribu » ; il doit créer une langue pure en retrouvant le sens premier, non galvaudé, des mots. Il peut même se servir d'archaïsmes, moins usés que les vocables habituels, et inventer des néologismes. Il va jusqu'à modifier la syntaxe canonique afin que le rapprochement insolite des mots engendre des accords musicaux. Ce sont l'idée et la musique, et non la grammaire, qui donnent forme à la phrase et au vers. Le poète exerce donc un contrôle absolu sur sa création : contenu, prosodie, sonorités, vocabulaire et syntaxe échappent à l'usage commun, et surtout au hasard. L'infaillibilité du poète prônée par Baudelaire trouve chez Mallarmé son achèvement. Le poète d'« Hérodiade » déclare pourtant qu'il faut « céder l'initiative aux mots ». Ce principe signifie que le poète ne doit pas réduire son œuvre à des préoccupations sentimentales ou psychologiques ; qu'il doit bannir la description chère aux Romantiques et aux Parnassiens ; qu'il doit se laisser guider, non par ses états d'âme ou par les spectacles du monde, mais par le langage. La parole poétique quitte la rhétorique pour devenir son propre objet.

Mallarmé

SONNET

Ses purs ongles très haut dédiant leur onyx,
L'Angoisse, ce minuit, soutient, lampadophore,
Maint rêve vespéral brûlé par le Phénix
Que ne recueille pas de cinéraire amphore

Sur les crédences, au salon vide : nul ptyx,
Aboli bibelot d'inanité sonore,
(Car le Maître est allé puiser des pleurs au Styx
Avec ce seul objet dont le Néant s'honore).

Mais proche la croisée au nord vacante, un or
Agonise selon peut-être le décor
Des licornes ruant du feu contre une nixe,

Elle, défunte nue en le miroir, encor
Que, dans l'oubli fermé par le cadre, se fixe
De scintillations sitôt le septuor.

Dans une lettre à Henri Cazalis datée du 18 juillet 1868, Mallarmé explique la genèse et le principe de ce poème resté célèbre :

> J'ai extrait ce sonnet [...] d'une étude projetée sur la parole : il est inverse, je veux dire que le sens [...] est évoqué par un mirage des mots mêmes. En se laissant aller à le murmurer plusieurs fois, on éprouve une sensation assez cabalistique.
> [...] mon œuvre est si bien préparé et hiérarchisé, représentant comme il peut l'Univers, que je n'aurais su, sans en endommager quelqu'une de mes impressions étagées, rien en enlever [...]

Le poème mallarméen est à la fois aérien et dense. C'est une dentelle, ou un joyau verbal, qui irradie ses sens hors de l'écrin des vers, et qui n'a rien de commun avec l'émau, le camée ou l'astragale parnassiens. Ces derniers sont des artefacts ciselés par un poète-artisan cherchant à atteindre la perfection. Chaque poème parnassien représente une image fragmentée du monde et de la Beauté. Chaque poème mallarméen, en revanche, concentre l'Idée pure. Il fait naître la Vérité et la Beauté. Le livre, selon l'idéal de Mallarmé, doit pouvoir concentrer tout l'univers, puisque chaque symbole concentre toutes les significations, et que tous les mots, toutes les images, tous les symboles font coexister leurs multiples sens et tissent entre eux des correspondances infinies.

Les Symbolistes doivent davantage à Mallarmé qu'à Verlaine. Quant au poète de *Sagesse*, il ne leur épargne aucun sarcasme :

> Le symbolisme ?... comprends pas... Ça doit être un mot allemand... hein ? Qu'est-ce que ça peut bien vouloir dire ? Moi, d'ailleurs, je m'en fiche. Quand je souffre, quand je jouis ou quand je pleure, je sais bien que ça n'est pas du symbole [...].
> Ils m'embêtent à la fin, les cymbalistes !
> (*Enquête sur l'évolution littéraire*)

La poésie de Verlaine n'est pourtant pas étrangère à la naissance du Symbolisme. Mallarmé l'affirme : Verlaine est « le premier qui a réagi contre l'impeccabilité et l'impassibilité parnassiennes » (*Ibid.*). C'est Verlaine qui apprend aux jeunes poètes à libérer le vers de ses contraintes, à faire naître la suggestion et l'émotion de la fluidité du vers, tout en conservant une rigueur formelle qui échappe à la froideur. Le rythme de Verlaine, avec ses dissonances concertées, indique aux Symbolistes la voie du vers libre. La musicalité de la poésie verlainienne confirme les Symbolistes dans leurs idéaux musicaux.

***Jadis et naguère*, 1884**
Verlaine

ART POÉTIQUE

De la musique avant toute chose,
Et pour cela préfère l'Impair
Plus vague et plus soluble dans l'air,
Sans rien en lui qui pèse ou qui pose.

Il faut aussi que tu n'ailles point
Choisir tes mots sans quelque méprise :

> Rien de plus cher que la chanson grise
> Où l'Indécis au Précis se joint.
> [...]
> De la musique encore et toujours !
> Que ton vers soit la chose envolée
> Qu'on sent qui fuit d'une âme en allée
> Vers d'autres cieux à d'autres amours.
>
> Que ton vers soit la bonne aventure
> Éparse au vent crispé du matin
> Qui va fleurant la menthe et le thym...
> Et tout le reste est littérature.

Cependant, Verlaine, contrairement aux Symbolistes, n'entend pas exprimer les idées primordiales au moyen du symbole ; il recherche un état d'extase poétique où son moi fusionne avec l'univers. Sa langue, simple, souple et familière, diffère de celle des Symbolistes, souvent obscure et recherchée.

Rimbaud, qui reste méconnu dans les milieux littéraires, n'a pas d'influence directe sur les Symbolistes. Il participe cependant à faire éclore la nouvelle poésie. Il libère le vers de certaines règles métriques en évitant la coïncidence systématique du rythme et de la syntaxe. Les poèmes en prose des *Illuminations*, prolongeant le travail de Baudelaire dans *Le Spleen de Paris*, inventent une musicalité et des cadences affranchies de la prosodie traditionnelle. Rimbaud donne de nouveaux pouvoirs au langage poétique et le rend capable d'exprimer « l'inexprimable » (*Une saison en enfer*). Telle est aussi l'ambition des Symbolistes. Mais l'état d'hyperesthésie rimbaldien s'atteint, non par des synesthésies ordonnatrices, mais par le dérèglement de tous les sens. Rimbaud parvient à créer un monde totalement inconnu, régi par un symbolisme absolu. Alors que Ghil cherche la vérité des correspondances entre Verbe et Musique, Rimbaud invente la couleur et la signification des voyelles.

> **Rimbaud**
>
> VOYELLES
>
> A noir, E blanc, I rouge, U vert, O bleu : voyelles,
> Je dirai quelque jour vos naissances latentes :
> A, noir corset velu des mouches éclatantes
> Qui bombinent autour des puanteurs cruelles,
>
> Golfes d'ombre ; E, candeurs des vapeurs et des tentes,
> Lances des glaciers fiers, rois blancs, frissons d'ombelles ;
> I, pourpres, sang craché, rire des lèvres belles
> Dans la colère ou les ivresses pénitentes ;
>
> U, cycles, vibrements divins des mers virides
> Paix des pâtis semés d'animaux, paix des rides
> Que l'alchimie imprime aux grands fronts studieux ;

> O, suprême Clairon plein des strideurs étranges,
> Silences traversés des Mondes et des Anges :
> — O l'Oméga, rayon violet de Ses Yeux !

Les dérèglements rimbaldiens sont aussi ceux du sens, c'est-à-dire de la signification. Les Symbolistes, tout en cédant l'initiative aux mots, contrôlent rigoureusement leur création et concentrent les significations dans le mot. En revanche, le langage et le monde rimbaldiens sont toujours en passe d'échapper à la logique et au sujet créateur.

L'ascendance des Symbolistes est assez variée, et parfois contradictoire. Elle explique en partie la constellation formée par le mouvement symboliste. La poétique mallarméenne influence l'instrumentation verbale de Ghil, tandis que l'intimisme verlainien, allié aux principes symbolistes fondamentaux, orientent les recherches de Kahn et de Moréas. Qu'ils soient mallarméens, verlainiens ou qu'ils tentent la synthèse de leurs différentes influences, les poètes symbolistes ont une sensibilité et une quête poétiques communes. Le Symbolisme n'est certes pas une école : c'est un ensemble de valeurs.

B – Les valeurs symbolistes

1 – L'autonomie de la poésie

L'un des fondements de la IIIe République est l'école laïque : avec le développement des enseignements primaire et secondaire, c'est toute une population qui a désormais droit à l'instruction. Le développement de la presse et du colportage accroît le nombre de journaux, d'almanachs et de revues qui s'adressent à un large public. Les poètes ne voient pas sans méfiance la foule se tourner vers l'écrit et la littérature se galvauder dans la production de masse. Considérant la poésie comme la plus haute mission humaine, ils prônent un art séparé du grand public, vierge de souillures et destiné à une élite. Il y a chez eux le même mépris du bourgeois qui animait les Romantiques et les Parnassiens. Toutefois, contrairement à leurs aînés, les écrivains de la fin du siècle sont presque tous obligés de travailler pour vivre ; leur public est si restreint qu'ils ne peuvent guère compter sur les droits d'auteur. Poètes bohèmes et petits bourgeois mènent donc une double existence : l'une consacrée aux tâches vulgaires du journalisme, de l'enseignement ou du fonctionnariat, l'autre au divin devoir de la poésie. Un tel mode de vie les renforce dans la conviction que la Beauté ne peut être approchée qu'au prix de grands efforts, par un petit nombre d'élus. L'obscurité, si souvent reprochée aux Symbolistes, constitue aussi bien un principe sélectif que l'expression de leur recherche poétique. *Odi profanum vulgus...*

Quoiqu'anti-naturalistes, les Symbolistes ne défendent pas la doctrine de « l'art pour l'art ». Leur but ultime n'est pas tant la beauté idéale que la compréhension de l'univers et la découverte du secret de la création :

> J'avais compris la corrélation intime de la Poésie avec l'Univers, et pour qu'elle fût pure, conçu le dessein de la sortir du rêve et du hasard et de la juxtaposer à la conception de l'Univers. (Lettre de Mallarmé à Villiers de l'Isle-Adam, 24 septembre 1867)

Certains poètes belges parviennent pourtant à concilier Symbolisme et préoccupations sociales. C'est le cas de Verhaeren, qui s'ouvre au monde moderne et chante la fraternité humaine dans *Les Campagnes hallucinées* (1893) et *Les Villes tentaculaires* (1895).

Les Villes tentaculaires, 1895
Verhaeren

LES IDÉES

[...]
Aujourd'hui même, elle [la beauté] apparaît dans les fumées
Les yeux offerts, les mains encor fermées,
Le corps revêtu d'or et de soleil ;
Un feu nouveau d'entre ses doigts vermeils
Glisse et provoque aux conquêtes certaines,
Mais la vénale ardeur des tapages modernes
Déchaîne un bruit si fort, sous les cieux ternes,
Que l'appel clair vers ses fervents s'entend à peine.

Et néanmoins elle est totale harmonie
Qui se transforme et se restaure à l'infini,
En se servant de mille efforts que l'on croit vains.
Elle est la clef du cycle humain,
Elle suggère à tous l'existence parfaite,
La simple joie et l'effort éperdu,
Vers les temps clairs, illuminés de fêtes
Et sonores, là-bas, d'un large accord inentendu.
Quiconque espère en elle est au-delà de l'heure
Qui frappe aux cadrans noirs de sa demeure ;
Et tandis que la foule abat, dans la douleur,
Ses pauvres bras tendus vers la splendeur,
Parfois, déjà, dans le miracle, où quelque âme s'isole,
La beauté passe — et dit les futures paroles.

Sur la Ville, d'où les désirs flamboient,
Règnent, sans qu'on les voie,
Mais évidentes, les idées.

La véritable vocation du Symbolisme est spirituelle et métaphysique. La poésie symboliste se tourne vers le monde supra-naturel ou idéal. Elle est en effet fondée sur une esthétique idéaliste.

2 – Un néo-idéalisme

Les détracteurs reprochent au Symbolisme de n'avoir rien inventé et de considérer comme une découverte révolutionnaire un fait poétique séculaire : le symbole. Dès qu'on tente de représenter une abstraction, ne produit-on pas un symbole ? Une image, une métaphore, une allégorie ne sont-elles pas des symboles ? La littérature universelle n'est-elle pas, en tout état de cause, symboliste ? Comment le Symbolisme peut-il, en fin de compte, être justifié ? Les poètes essaient de répondre à ces objections en proposant leurs définitions du symbole. Mais ils ont, il faut le reconnaître, toutes les peines du monde à s'exprimer de façon claire et cohérente. Et leurs adversaires de se gausser : « Les Symbolistes ne savent même pas ce qu'ils sont et ce qu'ils veulent » (Jules Lemaître, *Enquête sur l'évolution littéraire*). Pour Henri de Régnier, l'originalité des Symbolistes réside dans l'emploi qu'ils font du symbole :

> [...] jusqu'ici le symbole ne surgissait qu'instinctivement dans les œuvres d'art, en dehors de tout parti pris, parce qu'on sentait qu'en effet il ne peut y avoir d'art véritable sans symbole. [...] Le mouvement actuel est différent : on fait du symbole la condition essentielle de l'art. On veut bannir délibérément, en toute conscience, ce qu'on appelle [...] les contingences [...]. (*Enquête sur l'évolution littéraire*)

En d'autres termes, le symbole des Symbolistes n'est pas une cheville poétique ou un instrument d'éloquence, mais le fait poétique même. C'est ce qu'explique Verhaeren :

> Le Symbole s'épure donc toujours à travers une évocation, en idée : il est un sublimé de perceptions et de sensations ; il n'est point démonstratif, mais suggestif ; il ruine toute contingence, tout fait, tout détail ; il est la plus haute expression d'art et la plus spiritualiste qui soit. (*Le Symbolisme*, 1887)

Le poète symboliste ne donne pas à l'abstraction une apparence sensible, comme le fait le Parnassien. Il s'appuie sur l'expérience sensible et aboutit au symbole :

> [...] le symbole suppose la RECHERCHE INTUITIVE des divers éléments épars dans les Formes.
> [...] lorsque [les mots] sont unis harmonieusement en une phrase, chacun d'eux s'est pour ainsi dire orienté et leur ensemble exprime un sens complet. Une œuvre d'art est une phrase dont les formes sont les mots ; l'idée émane naturellement des Formes coordonnées. (Albert Mockel, *Propos de littérature*, 1894)

La sensation et l'idée ne sont donc plus séparées ; elles coexistent dans le symbole, qui réalise ainsi le rêve symboliste de l'unité retrouvée.

Bien que fondée sur la dimension sensible et sur l'autonomie du langage poétique, la poésie symboliste postule une transcendance. Elle s'installe dans l'intervalle entre le monde concret du langage et le monde abstrait des idées. Elle ne valorise pas le langage par fétichisme, mais parce qu'elle considère qu'il est consubstantiel de l'univers. Le langage poétique est par essence mystérieux comme l'est l'univers ; il est par essence obscur et inaccessible au profane comme le sont les arcanes de la Vie. C'est pourquoi le Symboliste recourt à :

> [...] un style archétype et complexe : d'impollués vocables, la période qui s'arc-boute alternant avec la période aux défaillances ondulées, les pléonasmes significatifs, les mystérieuses ellipses, l'anacoluthe en suspens, tout trop hardi et multiforme ; et enfin la bonne langue — instaurée et modernisée —, la bonne et luxuriante et fringante langue française d'avant les Vaugelas et les Boileau-Despréaux, la langue de François Rabelais et de Philippe de Commines, de Villon, de Rutebeuf [...]. (Moréas, *Manifeste du Symbolisme*)

Les mots ne servant plus à désigner directement les choses, le poème peut tenter de se passer de référent concret. Le plus souvent, chez les Symbolistes, le rapport du concret à l'abstrait est seulement suggéré : le symbole fonctionne *in absentia*, c'est-à-dire qu'il présente seulement l'abstrait, ou le « comparant », et tait le concret, le « comparé », *la chose dont on parle*. Par conséquent, le lecteur impatient, superficiel ou néophyte n'arrive pas à savoir *de quoi le poème parle exactement*. Celui-ci lui paraît souvent obscur et incompréhensible.

Ghil

SONNET

Ma Triste, les oiseaux de rire
Même l'été ne volent pas
Au Mutisme de morts de glas
Qui vint aux grands rameaux élire

Tragique d'un passé d'empire
Un seul néant dans les amas
Plus ne sougeant au vain soulas
Vers qui la ramille soupire.

Sous les hauts dômes végétants
Tous les sanglots sans ors d'étangs
Veillent privés d'orgueils de houle

Tandis que derrière leur soir
Un souvenir de Train qui roule
Au loin propage l'inespoir.

Les Symbolistes délaissent le didactisme et le raisonnement logique pour privilégier l'intuition, l'émotion, le rêve et l'exploration du subconscient. Ils ont pris connaissance de l'idéalisme allemand grâce à Villiers de l'Isle-Adam, qui l'a adapté à sa propre quête poétique. Leur poésie n'est ni abstraite, ni philosophique, mais suggestive. La suggestion consiste à rendre l'idée perceptible sans la désigner et à prolonger indéfiniment l'émotion née de cette perception. En s'appuyant sur les virtualités du langage, elle communique l'impression de l'infini, elle contient l'infini. C'est pourquoi les Symbolistes affectionnent la disparition, l'absence, la vibration, et tous les phénomènes qui possèdent un double mode de présence, palpable et impalpable.

> **Au jardin de l'infante,** 1893
> Samain
>
> DILECTION
>
> J'adore l'indécis, les sons, les couleurs frêles,
> Tout ce qui tremble, ondule, et frissonne, et chatoie :
> Les cheveux et les yeux, l'eau, la feuille, la soie,
> Et la spiritualité des formes grêles ;
>
> Les rimes se frôlant comme des tourterelles,
> La fumée où le songe en spirales tournoie,
> La chambre au crépuscule, où Son profil se noie,
> Et la caresse de Ses mains surnaturelles ;
>
> L'heure du ciel au long des lèvres câlinée,
> L'âme comme d'un poids de délice inclinée,
> L'âme qui meurt ainsi qu'une rose fanée,
>
> Et tel cœur d'ombre chaste, embaumé de mystère,
> Où veille, comme le rubis d'un lampadaire,
> Nuit et jour, un amour mystique et solitaire.

Telle est la gageure du poète symboliste : « suggérer tout l'infini d'une pensée ou d'une émotion qui ne s'est pas encore exprimée » (Stuart Merrill, *Credo*, 1892 ; cf. « Nocturne » p. 54). Déjouant les pièges de l'impuissance et de la vacuité, il doit, en quelque sorte, pouvoir dire le tout et le rien en même temps.

Le néo-idéalisme symboliste possède une dimension religieuse et mystique propre à toute la période, et qu'on retrouve, par exemple, chez certains peintres Nabis (étymologiquement : « prophètes ») comme Maurice Denis, Paul Cérusier et Paul Ranson, ou chez Odilon Redon. Comme les Romantiques, les Symbolistes sacralisent la poésie et la mission du poète. Concurrente de la science et des religions, la poésie devient un moyen de connaissance et de révélation. Elle atteint la vérité grâce au travail acharné du poète qui combat le hasard et qui préfère les vérités éternelles aux vaines réalités de la vie. L'esthétique symboliste rejoint le spiritualisme des traditions ésotériques, qu'Édouard Schuré synthétise et adapte à son époque dans *Les Grands Initiés* (1889). La conception symboliste des rapports entre langage et univers rappelle la doctrine ésotérique selon laquelle l'homme est un microscosme, image et miroir du macrocosme. Des poètes comme Stanislas de Guaïta, Ephraïm Mikhaël ou Jules Bois cherchent dans l'ésotérisme et l'occultisme le secret du réel et de l'idéal. La Rose-croix, ordre cabalistique et syncrétique de dimension messianique, attire de nombreux adeptes.

Le poète est un élu qui a le pouvoir de connaître et de transmettre des mystères. S'il ne s'efface pas complètement de son œuvre comme le fait Mallarmé, il reste discret sur son histoire et ses émotions personnelles. Il se fait l'interprète et l'organisateur des mystères qu'il a perçus. « L'âme » dont il est si souvent question chez les Symbolistes n'est pas celle des Romantiques ou celle de Verlaine. C'est l'âme des choses, leur être impalpable, leur vérité idéale. Le lyrisme symboliste, tout en prenant appui sur l'expérience individuelle, s'élève vers l'idéal :

> [...]
> Routes des frênes doux et des sables légers
> Où le vent efface les pas et veut qu'on oublie
> Et qu'on s'en aille ainsi qu'il s'en va d'arbre en arbre,
> Tes fleurs de miel ont la couleur de l'or des sables,
> Ta courbe est telle qu'on voit à peine où l'on dévie ;
> La ville où tu conduis est bonne aux étrangers
> Et mes pas seraient doux sur le seuil de ses portes
> S'ils n'étaient pas restés le long d'une autre vie
> Où mes Espoirs en pleurs veillent les Ombres mortes.
> [...]
> (Henri de Régnier, « Exergue », *Tel qu'en songe*, 1887-1892)

3 – La quête formelle

Le vers libre est la grande conquête des Symbolistes. Qui en est l'inventeur ? Dujardin prétend l'avoir découvert par hasard sur des épreuves mal corrigées ; Gustave Khan en revendique l'invention dans *Les Palais nomades*. Marie Krysinska, égérie des Décadents, leur conteste cette paternité. Débat oiseux : les recherches formelles des années 1880 ne pouvaient qu'aboutir à la libération progressive du vers. Le poète américain Walt Whitman, dont les *Feuilles d'herbe* connaissent un grand succès dans les milieux poétiques français à partir de 1883, avait montré la voie. L'utilisation du vers libre provoque évidemment de nombreuses polémiques. Leconte de Lisle — on ne s'en étonnera guère — parle de cacophonie ; même Verlaine dit du vers libre que c'est un « vers à mille pattes » qui ressemble à de la prose (*Enquête sur l'évolution littéraire*).

Les poètes fondent désormais le rythme sur la musicalité. Le vers coïncide avec le mouvement de la pensée et non avec la syntaxe ou la numération syllabique, qui devient obsolète ; le vers crée ses propres mesures rythmiques :

> Ne croyez pas,
> — Pour ce qu'avril rit rose
> Dans les vergers,
> Ou pâlit de l'excès voluptueux des fleurs —,
> Que toutes choses
> Sont nos gais cœurs,
> Et qu'il n'est plus une soif à étancher.
> Ne croyez pas,
> — Glorieux des gloires automnales,
> Ivres des vins jaillis que boit l'épi qu'on foule —,
> Qu'il n'est plus une faim que rien ne saoûle :
> Car Décembre est en marche dans la nuit pâle.
> [...]
> (Francis Vielé-Griffin, *Fleurs du chemin et chansons de la route*, 1895)

Parallèlement, certains poètes proposent de définir le vers comme une unité syntaxique : les limites du vers sont fixées par la longueur de la phrase et non par le décompte des syllabes :

> [...]
> Et ces yeux où s'éloignent à pleines voiles des navires illuminés dans la tempête !
> Et le pitoyable de tous ces regards qui souffrent de n'être pas ailleurs !
> Et tant de souffrances presque indistinctes et si diverses cependant !
> Et ceux que nul ne comprendra jamais !
> Et ces pauvres regards presque muets !
> Et ces pauvres regards qui chuchotent !
> Et ces pauvres regards étouffés !
> [...]
> (Maurice Maeterlinck, « Regards », *Serres chaudes*, 1889)

Ainsi chaque vers possède sa longueur propre ; l'isométrie et l'hétérométrie régulière ne sont plus obligatoires.

L'esthétique symboliste légitime le vers libre. Celui-ci épouse le mouvement de l'âme du poète, alors que le vers traditionnel lui impose un moule impersonnel et coercitif. Souple, flexible, variable, il est à même d'organiser les mots et les images selon des principes suggestifs, plastiques et musicaux. Chaque vers libre est une « modulation individuelle, parce que tout âme est un nœud rythmique » (Mallarmé, *La Musique et les lettres*, 1895). L'eurythmie du poème symboliste naît de l'accord des cadences et de l'alliance des diverses modulations :

> Le RYTHME : l'ancienne métrique avivée ; un désordre savamment ordonné ; la rime illucescente et martelée comme un bouclier d'or et d'airain, auprès de la rime aux fluidités absconses ; l'alexandrin à arrêts multiples et mobiles ; l'emploi de certains nombres premiers — sept, neuf, onze, treize — résolus en les diverses combinaisons rythmiques dont ils sont les sommes. (Moréas, *Manifeste du Symbolisme*)

L'utilisation du vers libre n'est pas impérative : le poète peut choisir les vers réguliers s'il sent que leurs rythmes concordent avec ce qu'il veut exprimer. Mallarmé, estimant que la contrainte est féconde et que le vieil alexandrin recèle des richesses infinies, n'a jamais écrit un seul vers libre.

Le vers libre est l'instrument de la suggestion et de la musique. Les Parnassiens unissaient la poésie aux beaux-arts. Les Symbolistes, cherchant l'expression indirecte, privilégient la musique :

> La Poésie étant à la fois Verbe et Musique, est merveilleusement apte à cette suggestion d'un infini qui n'est souvent que de l'indéfini. Par le Verbe elle dit et pense, par la Musique elle chante et rêve. (Stuart Merrill, *Credo*)

Le lyrisme symboliste concilie idéal et sensibilité grâce aux plus suggestifs de tous les arts, la musique :

> N'est-ce pas ? que le Rêve rêvé, ce serait : tous les roseaux graciles, et toutes les cimes aussi, toutes les Âmes et toutes les Chairs devenant un *visible* et vivant souffle musical : souffle murmurant de paroles toujours et non délié du Verbe : un poème, vibrant de tous les instruments. (Ghil, *Traité du Verbe*)

Mallarmé précise cependant à ses disciples : « il faut reprendre à la musique notre bien ». La musique symboliste, purement verbale, ne doit pas être subordonnée à la musique des musiciens. C'est pourquoi, tout en admirant Wagner, le poète prend ses distances avec le wagnérisme des milieux symbolistes : il estime que, dans le drame wagnérien, la poésie reste tributaire de la musique. Les compositeurs français montrent pourtant que poésie et musique peuvent s'enrichir mutuellement. Debussy, Fauré et Ravel composent des mélodies sur des poèmes de Verlaine ou de Mallarmé ; l'opéra de Debussy *Pelléas et Mélisande* s'inspire du drame de Maeterlinck. C'est notamment à cause de la délicate question des rapports entre musique et poésie que Ghil décide de rompre avec Mallarmé et le Symbolisme. Dès 1888, il entreprend de théoriser sa propre esthétique, dont le but est d'exprimer l'harmonie universelle grâce à l'instrumentation verbale. Cette théorie, fondée sur des données scientifiques et philosophiques, est une sorte de grammaire poétique dans laquelle les lettres correspondent à des sons instrumentaux, à des couleurs, à des sentiments et à des idées.

Ghil est le premier Symboliste à rompre avec le mouvement dont il est issu. Moréas fait de même un peu plus tard. Il accuse le Symbolisme de se complaire dans l'obscurité et l'approximation. En 1891, il fonde l'École Romane, qui se donne pour tâche de retrouver la tradition poétique antique et les valeurs traditionnelles de la poésie française. À la même époque, Saint-Pol-Roux jette les bases de l'« Idéo-réalisme » et présente la poésie comme le lieu de rencontre du réel et de l'idéal. Sa doctrine valorise l'origine sensible de la poésie et non sa vérité idéale. Saint-Pol-Roux n'hésite pas à chanter les réalités quotidiennes ; les synesthésies le mettent en contact avec l'harmonie universelle.

***Les Reposoirs de la procession*, 1893**
Saint-Pol-Roux

ALOUETTES

Les coups de ciseaux gravissent l'air.

Déjà le crêpe de mystère que jetèrent les fantômes du vêpre sur la chair fraîche de la vie, déjà le crêpe de ténèbres est entamé sur la campagne et sur la ville.

Les coups de ciseaux gravissent l'air.

Ouïs-tu pas la cloche tendre du bon Dieu courtiser de son tisonnier de bruit les yeux, ces belles-de-jour, les yeux blottis dessous les cendres de la nuit ?
[…]
Les coups de ciseaux gravissent l'air.

Viens-t'en sur la colline où les moulins nolisent leurs ailes de lin, viens-t'en sur la colline de laquelle on voit jaillir des houilles éternelles le diamant divin de la vaste alliance du ciel.

Les coups de ciseaux gravissent l'air.

> Du faîte emparfumé de thym, lavande, romarin, nous assisterons, moi la caresse, toi la fleur, à la claire et sombre fête des heures sur l'horloge où loge le destin, et nous regarderons là-bas passer le sourire du monde avec son ombre longue de douleur.
> Les coups de ciseaux gravissent l'air.

Pour Saint-Pol-Roux comme pour Ghil, l'essence de la poésie n'est pas dans l'idéalisme absolu mais au cœur de la vie même.

La séparation de l'art et de la vie : tel est le grand reproche formulé à l'encontre du Symbolisme. Mais ni Ghil, ni Moréas, ni Saint-Pol-Roux ne remettent fondamentalement en cause l'esthétique qui les a nourris. D'autres poètes vont tenter de sortir tout à fait du Symbolisme pour s'ouvrir à la vie. Parmi eux Francis Jammes, André Gide et Paul Fort. Le premier, qui n'a pas quitté son Béarn natal, s'enchante de la simplicité des scènes familières et des spectacles de la campagne ; le chaleureux accueil fait à son recueil *De l'angélus de l'aube à l'angélus du soir* (1897) montre que les sensibilités sont en train de changer. Le second qui, dans le *Traité du Narcisse* (1891), obéissait encore aux principes mallarméens, rompt avec le Symbolisme dans *Les Nourritures terrestres* (1897). Dans ses *Ballades françaises* (1897), le troisième évoque la joie de vivre et les traditions régionales avec un lyrisme simple et direct où résonne l'écho des chansons populaires.

Les Symbolistes sont-ils si éloignés de la vie que le prétendent leurs adversaires ? Merrill, Régnier et Vielé-Griffin soutiennent le contraire avec raison. Le fait est que ces trois poètes n'ont jamais dédaigné la nature ni les sentiments les plus simples. En outre, leur style échappe à la préciosité caractéristique du Symbolisme orthodoxe. Qui donc alors est visé par les attaques ? Mallarmé et ses épigones sans doute. Mais plus largement, c'est l'idéalisme de toute la génération qui est remis en cause. Les Symbolistes se servent en effet des phénonèmes sensibles pour s'élever jusqu'à la vérité. Ils veulent recréer la Vie parfaite ; la Vie qu'ils chantent s'écrit avec une majuscule. Dans une polémique sur l'obscurité poétique qui l'oppose à Lucien Muhlfeld, Proust dénonce l'illusion symboliste et retrouve l'opinion de Goethe :

> [...] en prétendant négliger les « accidents du temps et de l'espace », [le symbolisme] méconnaît une autre loi de la vie qui est de réaliser l'universel ou éternel, mais seulement dans des individus. Dans les œuvres comme dans la vie, les hommes pour plus généraux qu'ils soient doivent être fortement individuels (Cf. *La Guerre et la paix*, *Le Moulin sur la Floss*) et on peut dire d'eux, comme de chacun de nous, que c'est quand ils sont le plus eux-mêmes qu'ils réalisent le plus largement la vie universelle.
> Les œuvres purement symboliques risquent donc de manquer de vie et par là de profondeur. (« Contre l'obscurité », *Revue blanche*, 15 juillet 1896)

Une fois de plus, la génération montante se découvre une sensibilité différente de celle de ses aînés et entreprend de l'exprimer. En 1895, le Symbolisme, qui a pourtant permis d'engendrer la modernité, commence à être perçu comme une esthétique du passé.

Intermède : la Tour Eiffel d'un siècle à l'autre

Le 28 janvier 1887 commence, sous la direction de l'ingénieur Gustave Eiffel, la construction du monument le plus haut du monde. Durant 21 mois, 150 ouvriers montent l'édifice d'acier, fruit des derniers progrès de la construction métallique. Fleuron de l'architecture industrialisée, La Tour est inaugurée à l'Exposition universelle de 1889. Elle mesure 300 mètres et pèse 9700 tonnes. De couleur orange, illuminée par 90 000 becs de gaz, elle est équipée de projecteurs qui balaient tout Paris. En 1898, une liaison TSF est établie entre la Tour et le Panthéon ; en 1904, une nouvelle transmission s'effectue vers la Guadeloupe. En 1912, la Tour devient le centre d'émission des fuseaux horaires du monde entier.

Construite pour le centenaire de la Révolution française, destinée à montrer au monde la grandeur du génie français, la Tour Eiffel est d'abord très controversée. Puis les mentalités changent progressivement. D'un siècle à l'autre, la sensibilité des artistes se modifie, et avec elle, la perception du monument le plus moderne du monde.

> **47 artistes contre la Tour Eiffel**
> (co-signataires de la déclaration : Coppée, Gounod, Leconte de Lisle, Maupassant, Meissonnier, Sully Prudhomme, Sardou, etc.)
> (*Le Temps,* 14 février 1887)
>
> Nous venons, écrivains, peintres, sculpteurs, architectes, amateurs passionnés de la beauté jusqu'ici intacte de Paris, protester de toutes nos forces, de toute notre indignation, au nom du goût français méconnu, au nom de l'art et de l'histoire français menacés, contre l'érection, en plein cœur de notre capitale, de l'inutile et monstrueuse Tour Eiffel, que la malignité publique, souvent empreinte de bon sens et d'esprit de justice, a déjà baptisé du nom de « Tour de Babel ».
>
> [...] la Tour Eiffel, dont la commerciale Amérique elle-même ne voudrait pas, c'est, n'en doutez pas, le déshonneur de Paris. Chacun le sent, chacun le dit, chacun s'en afflige profondément, et nous ne sommes qu'un faible écho de l'opinion universelle, si légitimement alarmée. Enfin, lorsque les étrangers viendront visiter notre Exposition, ils s'écrieront, étonnés : « Quoi ? C'est cette horreur que les Français ont trouvée pour nous donner une idée de leur goût si fort vanté ? » Ils auront raison de se moquer de nous, parce que le Paris des gothiques sublimes, le Paris de Jean Goujon, de Germain Pilon, de Puget, de Rude, de Barye, etc., sera devenu le Paris de M. Eiffel.
>
> Il suffit d'ailleurs, pour se rendre compte de ce que nous avançons, de se figurer un instant une tour vertigineusement ridicule, dominant Paris, ainsi qu'une noire et gigantesque cheminée d'usine, écrasant de sa masse barbare Notre-Dame, la Sainte-Chapelle, la tour Saint-Jacques, le Louvre, le dôme des Invalides, l'Arc de Triomphe, tous les monuments humiliés, toutes nos architectures rapetissées, qui disparaîtront dans ce rêve stupéfiant. Et pendant vingt ans, nous verrons s'allonger sur la ville entière, frémissante encore du génie de tant de siècles, nous verrons s'allonger comme une tache d'encre l'ombre odieuse de l'odieuse colonne de tôle boulonnée. [...]

Travaux de construction de la tour Eiffel (1888).

> *La réponse d'Eiffel*
>
> Je crois, moi, que ma Tour sera belle. Parce que nous sommes des ingénieurs, croit-on que la beauté ne nous préoccupe pas [...] ? Est-ce que les véritables conditions de la force ne sont pas toujours conformes aux conditions secrètes de l'harmonie ? Le premier principe de l'esthétique architecturale est que les lignes essentielles du monument sont déterminées par la parfaite appropriation à sa destination. [...] je prétends que les courbes des quatre arêtes du monument telles que le calcul me les a fournies donneront une impression de beauté, car elles traduiront aux yeux la hardiesse de ma conception [...]. Ma Tour sera le plus haut édifice qu'aient jamais élevé les hommes. Ne sera-t-elle pas grandiose à sa façon ? Et pourquoi ce qui est admirable en Égypte deviendrait-il hideux et ridicule à Paris ? [...]

La Tour Eiffel selon...

• **Maupassant (« La Tour... prends garde »,** *Gil Blas*, **19 octobre 1886)** : [...] tous les journaux illustrés nous présentent l'image affreuse et fantastique d'une tour de fer de 300 mètres qui s'élèvera sur Paris comme une corne unique et gigantesque.
Ce monstre poursuit les yeux à la façon d'un cauchemar, hante l'esprit, effraie d'avance les pauvres gens naïfs qui ont conservé le goût de l'architecture artiste, de la ligne et des proportions.
Cette pointe de fonte épouvantable n'est curieuse que par sa hauteur. Les femmes colosses ne nous suffisent plus ! Après les phénomènes de chair, les phénomènes de fer, — c'est grand, voilà tout. On dirait l'entreprise diabolique d'un chaudronnier atteint du délire des grandeurs.
Pourquoi cette tour, pourquoi cette corne ? Pour étonner ? Pour étonner qui ? Les Imbéciles. On a donc oublié que le mot art signifie quelque chose. Est-ce dans une forge à présent qu'on apprend l'architecture ? N'y a-t-il plus de marbre dans le flanc des montagnes pour faire des statues et tenter d'élever des monuments ?

• **Edmond de Goncourt (***Journal***, 12 mars 1889)** : La Tour Eiffel me fait penser que les monuments de fer ne sont pas des monuments *humains*, ou du moins des monuments de la vieille humanité, qui n'a connu, pour la construction de ses logis, que la pierre et le bois. Puis, dans les monuments en fer, les parties plates sont toujours épouvantablement affreuses. Qu'on regarde la première plate-forme de la Tour Eiffel, avec cette rangée de double guérites, on ne peut rêver quelque chose de plus laid pour l'œil d'un vieux civilisé, et le monument en fer n'est supportable que dans les parties ajourées où il joue le treillis d'un cordage.

• **Huysmans (***Certains***, 1889)** : La flèche de Notre-Dame de la Brocante, la flèche privée de cloches, mais armée d'un canon qui convie les fidèles aux messes de la finance, aux vêpres de l'agio, d'un canon qui sonne, avec ses volées de poudre, les fêtes liturgiques du capital.

• *La Famille Fenouillard* **(roman de Christophe, 1889)** : ce monument [...] est une couronne de gloire plantée comme un défi à la face des nations.

• **Ponchon (« La Cité bizarre », gazette rimée, parodie du poème de Banville « La Ville enchantée »,** *Le Journal*, **avril 1900)** :
Et la tour Eiffel qui broche
Sur le tout, clocher sans cloche,

Et candélabre géant,
Darde vers le ciel superbe,
Tel un inutile verbe,
Trois cents mètres de néant.

• **Apollinaire** (« Zone », *Alcools*, 1913) : Bergère ô tour Eiffel le troupeau des ponts bêle ce matin.

```
         S
         A
        LUT
         M
        O N
       D   E
       DONT
      JE SUIS
      LA LAN
      GUE  É
      LOQUEN
     TE QUESA
      BOUCHE
      O PARIS
    TIRE ET TIRERA
     TOU   JOURS
     AUX    A L
     LEM    ANDS
```

« Deuxième canonnier conducteur », *Calligrammes* (1918)
Apollinaire

Dix-neuf poèmes élastiques, 1919
Cendrars

TOUR (août 1913)

[...]
Ô Tour Eiffel
Feu d'artifice géant de l'Exposition Universelle !
Sur le Gange
À Bénarès
Parmi les toupies onanistes des temples hindous
Et les cris colorés des multitudes de l'Orient
Tu te penches, gracieux Palmier !
C'est toi qui à l'époque légendaire du peuple hébreu
Confondis la langue des hommes
Ô Babel !
Et quelques mille ans plus tard, c'est toi qui retombais en langues de feu sur
   les Apôtres rassemblés dans ton église
En pleine mer tu es un mât
Et au Pôle-Nord
Tu resplendis avec toute la magnificence de l'aurore boréale de ta
   télégraphie sans fil
[...]
Gong tam-tam zanzibar bête de la jungle rayons-X express bistouri
   symphonie
Tu es tout
Tour
Dieu antique
Bête moderne
Spectre solaire
Sujet de mon poème
Tour
Tour du monde
Tour en mouvement

Troisième partie

La naissance d'un Esprit nouveau

On n'est moderne que quand on a tout foutu par terre.

(Cendrars à Apollinaire)

Le Char d'Apollon (1905-1914), Odilon Redon.

I – Le renouveau de la Belle Époque

À la charnière des deux siècles, la poésie française, échappant à tout mouvement fédérateur, se développe dans de multiples directions. Banville s'est éteint en 1891, Leconte de Lisle en 1894 ; Verlaine meurt en 1896, Mallarmé, son successeur au titre de Prince des Poètes, en 1898. Les Symbolistes, à présent dispersés, se consacrent à des recherches individuelles. Régnier, qui n'a que trente-six ans en 1900, se tourne de plus en plus vers l'expression de la vie universelle. Vielé-Griffin, son contemporain exact, vient de subir une crise religieuse décisive : il chante à présent la joie de vivre et la foi en l'humanité. Tous deux renouent avec la forme classique et avec l'inspiration antique sans abandonner le vers libre, ni renoncer aux grands principes symbolistes.

Le tournant du siècle est le temps des synthèses et des explorations. Les nouveaux venus en poésie ont souvent dix ans de moins à peine que leurs aînés, mais ils se sentent différents d'eux. Ils parviennent à l'âge d'homme dans l'enthousiasme et l'optimisme de la Belle Époque. Quand, en 1897, on interroge Alfred Jarry sur « l'Alsace-Lorraine et l'état actuel des esprits », il répond avec sa désinvolture habituelle : « Étant né en 1873, la guerre de 1870 est dans mon souvenir trois ans au-dessous de l'oubli absolu. Il me paraît vraisemblable que cet événement n'a jamais eu lieu, simple invention pédagogique en vue de favoriser les bataillons scolaires ». Grâce aux lois sur l'enseignement et à l'essor du féminisme, les femmes occupent une place croissante dans la vie littéraire. Les hommes ne voient pas sans méfiance grossir le bataillon de celles qu'on appelle les « amazones » ou les « bacchantes ». Dans les revues et dans les ouvrages critiques, la littérature féminine se traite à part. Certaines femmes prennent, par stratégie, des pseudonymes masculins. Marie de Heredia, fille du poète des *Trophées* et épouse d'Henri de Régnier, signe Gérard d'Houville. La baronne d'Œttingen, sœur du peintre

Serge Férat et amie d'Apollinaire, choisit de s'appeler Roch Grey ou Léonard Pieux quand elle écrit dans *Les Soirées de Paris*. Lorsqu'elle publie son roman à scandale *Monsieur Vénus* en 1884, Rachilde s'habille en homme et imprime sur ses cartes de visite : « Homme de lettres ». Depuis 1889, elle est l'épouse d'Alfred Vallette, directeur du *Mercure de France*, et tient un rôle fondamental dans l'organisation de la revue et des éditions. D'autres femmes conservent, bon gré mal gré, le nom de leur époux, quand celui-ci connaît une certaine notoriété littéraire. Ainsi, Jane Catulle-Mendès, Lucie Delarue-Mardrus et Colette Willy travaillent à se faire un prénom. D'autres poétesses enfin, comme Anna de Noailles, Marie Dauguet et Renée Vivien, revendiquent leur féminité. Toutes mettent en valeur leur originalité. Elles sont pourtant héritières du Romantisme, du Parnasse ou du Symbolisme, et ne s'embarrassent guère de recherches formelles. Mais elles illustrent à leur manière deux grands principes de l'époque : la liberté poétique et la communion avec le monde ; elles expriment aussi leurs thèmes de prédilection : les sentiments et les sensations. Si Gérard d'Houville et Jane Catulle-Mendès parlent avec discrétion de leurs émotions, Lucie Delarue-Mardrus et Renée Vivien se montrent plus sensuelles et plus passionnées. Anna de Noailles, la plus célèbre de toutes les poétesses, chante dans *Le Cœur innombrable* (1901) la symbiose sensuelle du *moi* et de la vie universelle ; elle donne ainsi la preuve que le lyrisme féminin n'est pas étranger aux problèmes poétiques contemporains.

Le rapport des écrivains au monde est en effet en train de changer. Les poètes commencent à se réconcilier avec la vie et avec le public. Quoique le marasme règne dans l'édition poétique et que le lectorat littéraire soit limité, ils aspirent à une diffusion plus large de leurs pensées et de leurs œuvres. Le journalisme alimentaire et l'activité critique entrent dans leurs mœurs. Mieux : ils deviennent des moyens de se faire connaître hors des sphères artistiques. Grâce à la diffusion des travaux des sociologues Gabriel Tarde, Émile Durkheim et Gustave Le Bon, à l'influence de Verhaeren et à l'essor de la poésie sociale, le « collectif » devient une valeur. Les poètes redécouvrent la réalité et exaltent leur appartenance à la communauté humaine. Ils ressentent moins que leurs aînés la dichotomie entre le *moi* et le monde. En Autriche et en Allemagne, les théories de l'inconscient et du freudisme révèlent aux artistes les mécanismes profonds du psychisme. Les correspondances et les analogies de type symboliste laissent progressivement place à la fusion, voire à la confusion, des différents ordres de réalité. Les Décadents cherchaient à explorer les profondeurs du subconscient et les Symbolistes se tournaient vers le monde idéal du rêve ; les Futuristes italiens et les Expressionnistes allemands enrichissent leurs sensations présentes de tous leurs états psychiques antérieurs, conscients ou inconscients.

Le XIXe siècle avait, *mutatis mutandis*, vécu avec l'idée de progrès indéfini. À l'aube du XXe siècle, c'est une conception dynamique du monde qui prévaut. L'Histoire ne se définit plus comme une progression téléologique mais comme une succession de ruptures et de paliers. La notion d'évolution littéraire se modifie de la même manière : les poètes nouveaux substituent l'idée de changement à celle de progrès. L'avant-garde de 1910 se montre encore plus radicale en rompant totalement avec le passé. Le monde littéraire se présente plus que jamais comme un champ de forces. Les nouveaux mouvements pullulent : Naturisme, Humanisme, Paroxysme, Unanimisme, Futurisme, etc. Les manifestes poétiques se multiplient, et avec eux, les polémiques entre écoles voisines. Tous les poètes ont l'ambition de renouveler la création poétique et d'imposer leur esthétique ; tous veulent se distinguer de leurs concurrents ; tous revendiquent en même temps la nécessité de s'unir pour résister à l'académisme ou à la stagnation, et pour servir la renaissance poétique. La vie littéraire se caractérise par une vitalité sans précédent.

Paris est la capitale des arts. C'est à Paris que s'installent les jeunes artistes européens en quête de reconnaissance. C'est à Paris que brûle le vivant foyer de l'art moderne. Le Quartier Latin demeure un lieu de rassemblement artistique jusque vers 1905. Dans le sous-sol du Soleil d'or, boulevard Saint-Michel, les soirées de *La Plume*, revue de sensibilité symboliste, donnent à Apollinaire l'occasion de rencontrer Jarry et Salmon. Montmartre connaît ensuite son heure de gloire : le Bateau-Lavoir, bâtisse de la rue Ravignan reconvertie en atelier, accueille Picasso et Max Jacob. Vers 1910, les artistes changent à nouveau de rive et se réunissent à Montparnasse. Mais la métropole perd quelque peu de son hégémonie. La province fait montre d'une activité remarquable. Beaucoup de jeunes poètes choisissent de rester dans leur région d'origine ; ils y publient revues et recueils qu'ils envoient à Paris pour se faire connaître. À l'étranger, Berlin voit naître l'Expressionnisme, Florence et Milan le Futurisme. Les États-Unis pourraient même damner le pion à l'Europe. Avec le développement des transports et des communications, la littérature américaine est mieux diffusée sur le vieux continent et alimente un mouvement américanophile dans les années 1905. Les artistes européens se tournent vers l'Amérique : les toiles de Francis Picabia rencontrent un grand succès à l'exposition de l'Armory Show de New York en 1913. L'Europe s'ouvre également au reste du monde. L'expansion coloniale instaure des liens étroits entre les métropoles et les pays africains et asiatiques. Les expositions universelles mettent les Européens en contact avec des cultures allogènes. Debussy a découvert la musique javanaise à l'exposition de 1889 ; Picasso et les cubistes se passionnent pour les arts océaniens et africains ; Stravinsky retrouve des rythmes primitifs dans *Le Sacre du printemps* (1913). Les peintres et les musiciens russes s'inspirent de leur folklore national. Le « primitivisme » des artistes ne sort pas des livres, mais d'un contact direct avec les autres cultures.

Malgré les changements qui l'animent, la poésie française hérite des problématiques du Symbolisme. Les questionnements qu'il avait suscités restent d'actualité. Les polémiques sur le vers libre et sur l'obscurité se prolongent jusqu'en 1914. Les grands maîtres dont se réclament les jeunes poètes — Claudel, Moréas, Jammes et Verhaeren — sont tous issus du Symbolisme et continuent à diffuser quelques-unes de ses valeurs. Plusieurs écrivains tentent même de redonner une actualité au mouvement moribond.

II – Survivances du Symbolisme

L'exaltation de la vie et de l'énergie a supplanté l'idéalisme ; la notion de rythme a remplacé celle de symbole. Les interrogations du Symbolisme renaissent, se métamorphosent, et alimentent d'autres recherches. L'idéal de création unitaire se prolonge dans l'Art nouveau, qui abolit les frontières entre architecture et arts décoratifs, se présente comme la formule synthétique de tous les arts et ambitionne de s'appliquer à tous les aspects de la vie quotidienne. Avec ses végétaux luxuriants et ses femmes fatales, l'Art nouveau retrouve la sensibilité décadente et symboliste. Mais en se dotant d'une dimension sociale, en imprimant à toutes les formes et à tous les volumes le mouvement et la métamorphose, il illustre à sa manière le dynamisme de son époque. La compréhension et l'expression de l'univers restent des préoccupations constantes chez beaucoup de poètes, qui tentent de faire la synthèse du symbolisme et des aspirations actuelles. Pour Adolphe Lacuzon, fondateur de l'Intégralisme (1904), la poésie est une forme de connaissance plus efficace que les sciences ou les religions, et permet à l'homme de participer à la vie universelle. Le rythme poétique intégraliste, qui rend compte des mouvements intérieurs du poète et de l'orchestration de l'univers, se distingue du rythme symboliste car il est mathématique, au lieu d'être musical. Le symbole intègre à la création l'état d'âme du poète, dont la fonction est d'interpréter l'univers. L'exemple de Lacuzon montre que la dimension métaphysique, héritée du Romantisme et du Symbolisme, n'est pas absente de la poésie nouvelle. Malheureusement, ce poète, à trop vouloir faire la synthèse du Parnasse, du Romantisme et du Symbolisme, à trop négliger la forme au profit du discours théorique, ne produit que des œuvres décevantes, hétéroclites et confuses, qui n'apportent rien de nouveau.

Plus solide, car moins aventureuse, est la démarche des ceux qui se limitent à défendre, à développer et à légitimer les acquis du Symbolisme. Le premier à réhabiliter l'ancienne esthétique est Paul Fort. En 1905, il fonde, en référence à Mallarmé, la revue *Vers et prose* qui…

[...] entreprend de réunir à nouveau le groupe héroïque des poètes et des écrivains de prose qui rénovèrent le fond et la forme des lettres françaises, suscitant le goût de la haute littérature et du lyrisme longtemps abandonné. [...] à leurs côtés prendront place ceux d'entre les jeunes écrivains qui, sans abdiquer leur neuve personnalité, peuvent se réclamer d'aînés initiateurs. (*Vers et Prose* n° 1, mars-avril-mai 1905)

La revue a des collaborateurs prestigieux : Merrill, Régnier, Maeterlinck, Moréas, Valéry (*La Soirée avec Monsieur Teste*, tome IV, décembre 1905 - janvier 1906), Gide (*Les Poésies d'André Walter*, tome VIII, décembre 1906 - janvier-février 1907). Elle accueille également des nouveaux venus qui ne rejettent pas l'héritage symboliste : parmi eux, André Salmon et Guillaume Apollinaire. Issu du Symbolisme, Paul Fort ne fait partie d'aucune école ; il souhaite seulement, avec sa revue, donner une image fidèle de la littérature de son temps, dans laquelle le Symbolisme reste une valeur.

Le poète néo-mallarmiste Jean Royère est un peu plus dogmatique que Paul Fort. Il fonde *La Phalange* en 1906 et déclare : « Nous soutenons que le Symbolisme ne fait que commencer et que jamais la sève de l'arbre n'a été plus vigoureuse » (*La Phalange* n° 4, octobre 1906). Le poète des *Eurythmies* (1904) estime en effet que la poésie ne peut se limiter à aborder l'aspect superficiel des choses. Le poète du XXe siècle doit suivre les leçons de Mallarmé, explorer les profondeurs de la réalité et y découvrir l'Essence. En exprimant et en organisant ses idées et ses sensations, il peut connaître l'inconnu et produire une poésie profonde et neuve, dont le rythme épouse les mouvements de la vie intérieure. Intuitive, rythmique, la poésie de Royère est pure, et par définition obscure.

***Sœur de Narcisse Nue*, 1907**
Jean Royère

INTÉRIEUREMENT

Vous fûtes au rond-point du Rêve déserté
Encore dénudant le front du paysage,
Pour ouïr, sans dessein de la voir, la beauté
    Qui n'a pas de visage.

Spirituelle — de la Nue où s'éternise,
Essence, cette chair fluide du baiser
Par delà l'aube bleue où le couchant cerise
    Du doux martyriser.

Bénigne — car les voix du silence stagnant
Tombent dès que l'Écho chuchote des paroles,
Essaim de lèvres d'or par elle bourdonnant
    De toutes les corolles.

Et claire — si les yeux où la Lumière morte
De l'hier plus limpide et tendre que l'azur
Filtrent quelques rais blancs par les joints de la porte
    Qui brillent sur le mur.

Malgré les principes très précis de son fondateur, *La Phalange* est une revue ouverte : elle accueille Léon Frapié, romancier de l'art social, Gustave Kahn, Vielé-Griffin, et divers jeunes poètes comme Apollinaire et Jules Romains, dont l'Unanimisme se situe pourtant aux antipodes du Symbolisme. Ainsi va l'époque : des écoles dogmatiques se développent parallèlement à des mouvements informels ou hétéroclites dont l'unique ambition est de donner une voix publique aux recherches les plus variées.

L'éclectisme de *Vers et prose* ou de *La Phalange* souligne en fait l'impossibilité d'une véritable renaissance symboliste. De son côté, le *Mercure de France* est devenu une institution qui, sans occulter son passé symboliste, ne monte plus guère en première ligne dans les combats littéraires. L'un de ses piliers, Remy de Gourmont, a garanti la diversité et la pérennité du Symbolisme en proposant une nouvelle définition : le Symbolisme est un idéalisme qui représente l'individualisme en art, l'abandon des formules toutes faites et la prédilection pour tout ce qui est nouveau (Préface au *IIe Livre des masques*, 1898). La plupart des mouvements du début du siècle peuvent se reconnaître dans ces formules. Il semble que le Symbolisme survive davantage par son esprit que grâce à la ferveur de ses zélateurs. En s'adaptant aux démarches individuelles, il prend des formes si diverses qu'il perd la cohérence qu'il avait dans les années 1890. Héritier de Baudelaire, le poète d'origine lithuanienne Oscar Milosz intègre l'inspiration symboliste à son propre univers poétique. Écrits en vers réguliers, dans une langue simple aux images subtilement symbolistes, les poèmes de Milosz sont empreints de lyrisme intime. Dans *Les Éléments* (1911), le poète exprime sa nostalgie de l'idéal, sa mélancolie et son pessimisme ; il voit dans la poésie le moyen d'exprimer l'ineffable. Dans l'œuvre de ce solitaire, qui s'est souvent tenu à l'écart du monde littéraire, le Symbolisme, vivant et personnel, ne se paye pas de mots.

III – Au confluent du classicisme et de la modernité

A – Retour au classicisme

En réaction contre le Symbolisme, certains poètes se sont très tôt tournés vers les traditions antique et nationale afin d'y ressourcer leur lyrisme. Les poètes de l'École Romane imitent Ronsard, Du Bellay, Baïf et les Grands Rhétoriqueurs. Mais Maurice du Plessys, Raymond de La Tailhède, Lionel des Rieux et Moréas ne forment pas une nouvelle Pléiade : tributaires de leurs modèles et prisonniers d'une conception symboliste de l'art (religion de la beauté, mépris du quotidien, culte du langage), ils ne parviennent pas à inventer une poésie novatrice. Très vite, Moréas se rend compte que ses recherches aboutissent à une impasse. Il se dégage alors du pastiche et du formalisme. Dans les *Stances* (1899-1901), il utilise un vocabulaire simple, une syntaxe épurée, et revient à la prosodie classique ; il exprime ses sentiments personnels de façon retenue et développe des thèmes universels :

Les roses que j'aimais s'effeuillent chaque jour ;
Toute saison n'est pas aux blondes pousses neuves ;
Le zéphyr a soufflé trop longtemps ; c'est le tour
Du cruel aquilon qui condense les fleuves.

Vous faut-il, Allégresse, enfler ainsi la voix,
Et ne savez-vous point que c'est grande folie,
Quand vous venez sans cause agacer sous mes doigts
Une corde vouée à la Mélancolie ?
(Premier livre des *Stances*, VIII, 1899-1901)

Vers 1905, Moréas est une personnalité importante du monde des lettres. Cependant, les jeunes poètes se détachent progressivement de lui. Ils continuent de le fréquenter car il anime avec brio les réunions littéraires et représente la génération des aînés. Mais beaucoup condamnent son nouveau style : excessivement dépouillée et impersonnelle, sa poésie frôle l'inanité et ne répond pas aux aspirations de la jeunesse.

Charles Maurras, qui encourage l'expérience romane, ne manque pas d'en signaler les limites. Le fondateur de l'Action française rassemble autour de lui ceux qui partagent ses valeurs ; il veut être la voix de la renaissance classique. Pour Maurras, l'écrivain n'a d'autre mission que de servir et d'enrichir le génie littéraire français. Le Romantisme et le Symbolisme, qu'il réduit à un avatar romantique, ont galvaudé la littérature nationale en lui annexant des traditions étrangères. Aux brumes du Nord et aux Nibelungen, Maurras oppose le lumineux héritage méditerranéen des Grecs et des Latins. Il accuse le XIXe siècle d'avoir été individualiste et sentimentaliste, d'avoir bouleversé les règles poétiques et occulté la grandeur du génie français. Si la poésie française ne veut pas mourir, elle doit retrouver ce qui fait son essence : la clarté, la symétrie, l'ordre et l'universalité. Maurras, cependant, n'est pas totalement réactionnaire. Sa sympathie envers le Naturisme, courant qui fait la synthèse des valeurs classiques et des aspirations modernes en s'ouvrant à la vie, montre qu'il souhaite une renaissance classique qui ne soit pas une simple imitation du passé.

À partir de 1909, quelques jeunes poètes conduits par Jean-Marc Bernard se montrent plus radicaux et plus virulents que Maurras. Réunis grâce à la revue *Les Guêpes*, ils dénoncent la « barbarie » qui domine la poésie française. Pour Louis Le Cardonnel, qui a délaissé le Symbolisme et s'est tourné vers la religion (il a été ordonné prêtre en 1896) ou pour Jean-Marc Bernard, la littérature a atteint la perfection au XVIIe siècle. Le XIXe a été le siècle de la décadence ; avec ses velléités de classicisme, le Parnasse n'a pas réussi à donner le change : il n'a été qu'un prolongement du Romantisme. Selon les Néo-classiques, la poésie française du XXe siècle doit s'enraciner dans les traditions, renoncer à l'obscurité et au verbiage, et retrouver ses qualités éternelles d'ordre et de mesure. Pour eux, l'œuvre du poète André Mary illustre parfaitement cette démarche (*Le Cantique de la Seine*, 1911). Pendant près de quatre ans, le groupe des *Guêpes* profite des batailles qui animent le monde littéraire pour tenter d'imposer ses idées de manière satirique et agressive. Mais son audience reste limitée ; ses principes ne correspondent pas vraiment aux ambitions de l'époque.

B – Recherches de synthèses

L'une des meilleures formules de conciliation du classicisme et de la modernité sort des pages de la *Nouvelle Revue Française*. En 1908, Eugène Montfort propose à Gide la création d'une nouvelle revue, susceptible de réunir les talents confirmés et les jeunes espoirs. En 1903, il a fondé *Les Marges* dans le même esprit. Sa revue propose des extraits de Shakespeare, de Montesquieu, de Stendhal, et des articles critiques ; elle s'ouvre aux nouveaux venus que sont Apollinaire, Jean-Marc Bernard, Tristan Klingsor et André Spire. Montfort se rapproche de Gide car il partage avec l'auteur des *Nourritures terrestres* la même méfiance à l'égard du Néo-classicisme radical et la même admiration pour Claudel. La *N.R.F.* va démontrer que le classicisme n'est pas forcément rétrograde et que la modernité n'engendre pas obligatoirement l'anarchie. Être classique, c'est être de son temps : tel est son paradoxe. Malgré des débuts un peu laborieux, la *N.R.F.* s'impose rapidement comme une revue majeure, qui préfère les œuvres aux doctrines. Elle accueille Léon-Paul Fargue, Valéry, les Unanimistes, les Néo-symbolistes, Apollinaire, Saint-Léger Léger (qui ne s'appelle pas encore Saint-John Perse), et publie les textes de nombreux auteurs étrangers : Dostoïevsky, Whitman, Chesterton, Rilke. L'esprit de la *N.R.F.* combat le laisser-aller en littérature, se méfie des tumultes romantiques et prône la discipline artistique. Contrairement aux Néo-classiques intransigeants, Gide et ses amis, tout en insistant sur la nécessité de l'ordre et de la clarté, défendent les passions, quand elles sont maîtrisées par l'écriture, et le vers libre, quand il est utilisé à bon escient.

Les poètes de la *N.R.F.* parviennent à concilier les valeurs classiques et l'attachement à la vie. Fargue, qui fréquentait autrefois les salons de Mallarmé, réédite en 1911 son recueil de 1895, *Tancrède*. Le poète allie musicalité et humour, rigueur et fantaisie. Il porte sur les choses et sur les sentiments un regard perçant et faussement naïf. Chez lui, le réel ne s'oppose ni ne s'impose à la poésie ; il est maîtrisé et métamorphosé par le langage poétique :

MATIN

Loin de la ville
Sitôt crépite
La libellule
De linon bleu.

C'est le matin
Pauvre malade.
Il fait si doux
Qu'on est heureux.

Au bleu baiser
Sur la croisée
L'oiseau commence
À chanter.

La lampe sœur
Au col marin
Couve sa peur
Sous le clin bleu.

Elle contrôle
Qui dort encore
Et arque drôle
Sa clef d'or.

Les hauts nuages
Qui frôlent vieux
Ont passé l'âge
D'être heureux.

Sur la croisée
Triste ai-je dit
L'oiseau timide
Interdit.

Qu'est-ce qui trinque
Dans la rue bleue ?
C'est un forçat
Délivré d'eux.

Un chant pas loin
Part de l'église.
Il fait si doux
Qu'on est sauvé.

Dans *Éloges* (1911), Saint-Léger Léger (Saint-John Perse) se souvient de son enfance aux Antilles mais donne à son expérience une dimension universelle. Il chante la communion élémentaire de l'homme avec le monde au moyen de périodes cadencées et lyriques. Il explore le mystère de la vie grâce à une poésie active, passionnée et généreuse.

> *Éloges*, 1911
> Saint-John Perse
>
> POUR FÊTER UNE ENFANCE (II)
>
> Et les servantes de ma mère, grandes filles luisantes... Et nos paupières fabuleuses... Ô
> clartés ! ô faveurs !
> Appelant toute chose, je récitai qu'elle était grande, appelant toute bête, qu'elle était belle et bonne.
> Ô mes plus grandes
> fleurs voraces, parmi la feuille rouge, à dévorer tous mes plus beaux
> insectes verts ! Les bouquets au jardin sentaient le cimetière de famille.
> Et une très petite sœur était morte : j'avais eu, qui sent bon, son cercueil d'acajou entre les glaces de trois chambres. Et il ne fallait pas tuer l'oiseau-mouche d'un caillou... Mais la terre se courbait dans nos jeux comme fait la servante,
> celle qui a droit à une chaise si l'on se tient dans la maison. [...]

Francis Jammes et Paul Claudel sont les deux poètes tutélaires de la *N.R.F.* Mais ces talents singuliers ont une autorité qui excède le cadre de la revue. Jammes a fait très tôt des émules. Sa poésie, naïve et sensible, est dépourvue d'emphase et de métaphysique. Jammes s'empare des éléments les plus simples de la nature pour chanter leur authenticité et le ravissement qu'ils procurent.

> *Le Deuil des primevères*, 1901
> Jammes
>
> ÉLÉGIE DIX-SEPTIÈME
>
> Il a plu. La terre fraîche est contente. Tout luit.
> Une goutte d'eau pèse et pend à chaque rose,
> mais il va faire chaud, et, cet après-midi,
> le soleil bourdonnant fendra la terre rousse.
> Le ciel brumeux se troue de bleus comme de l'eau
> d'où des raies en travers tombent sur le coteau.
> La taupe lisse, aux ongles forts, a rebouché
> ses gîtes racineux qui pèlent la pelouse.
> [...]

Après avoir retrouvé la foi catholique en 1905 grâce à l'influence de son ami Claudel, le poète d'Orthez chante les louanges de Dieu et les relations harmonieuses du visible et de l'invisible au sein d'un divin omniprésent. Par sa sincérité et par son originalité, Jammes inspire des Spiritualistes comme François

Mauriac, mais aussi des indépendants comme Apollinaire. Il indique en effet au poète d'*Alcools* l'art de transgresser subtilement les règles traditionnelles, en jouant par exemple sur les ellisions et les assonances. En 1910, à la suite d'un malentendu, la rédaction de la N. R. F. met définitivement Jammes à l'écart.

Poète et dramaturge, Claudel reste fidèle au Symbolisme mais il en renouvelle le contenu, si bien que ses contemporains ne le considèrent pas comme Symboliste. Il découvre des analogies universelles entre le *moi* et le monde, et entre les différentes réalités. Selon lui, l'univers est un organisme unitaire dont Dieu est à la fois le principe et la fin. L'attention que le poète porte à la vie lui permet de sentir, dans leur symbiose, la présence immanente de la réalité et celle, transcendante, du divin. Pour Claudel, la poésie n'est pas une connaissance de type romantique ou symboliste, mais une *co-naissance*. En prêtant attention aux choses et à leur présence, l'homme peut se connaître lui-même. Les choses sont pour lui des objets de connaissance, mais, en modelant les attitudes et les perceptions humaines, elles participent aussi à le faire naître à lui-même. Elles suscitent en lui le sentiment de l'unité du monde et lui donnent l'impulsion nécessaire à créer ou recréer les analogies universelles. Profondément influencé par l'esthétique rimbaldienne, Claudel fait du poète un voyant qui atteint l'au-delà des choses, et un créateur qui imite Dieu sans s'y substituer. Son lyrisme mystique est donc moins spiritualiste que dynamique. Le verset claudélien, inspiré de la Bible et de la liturgie, dépourvu de mètre et de rime, est à la fois une idée et un souffle : il incarne l'inspiration du poète qui « absorbe » la vie et qui, simultanément, l'expire, c'est-à-dire la restitue dans sa vérité. La métaphore concentre les analogies par lesquelles l'invisible affleure dans le visible ; elle exprime l'harmonie universelle.

***Cinq Grandes Odes*, 1910**
Claudel

L'ESPRIT ET L'EAU

[...] Mon Dieu, qui au commencement avez séparé les eaux supérieures des eaux inférieures,
Et de nouveau qui avez séparé de ces eaux humides que je dis,
L'aride, comme un enfant divisé de l'abondant corps maternel,
La terre bien chauffante, tendre-feuillante et nourrie du lait de la pluie,
Et qui dans le temps de la douleur comme au jour de la création saisissez dans votre main toute-puissante
L'argile humaine et l'esprit de tout côté vous gicle entre les doigts,
De nouveau après les longues route terrestres,
Voici l'Ode, voici que cette grande Ode nouvelle vous est présente,
Non point comme une chose qui commence, mais peu à peu comme la mer qui était là,
La mer de toutes les paroles humaines avec la surface en divers endroits
Reconnue par un souffle sous le brouillard et par l'œil de la matrone Lune !

Par sa puissance, Claudel suscite l'admiration d'écrivains très variés. Son lyrisme cosmique touche les Unanimistes ; son mysticisme les Spiritualistes ; son sens de l'ordre et de la construction les Néo-classiques.

Charles Péguy, l'indépendant directeur des *Cahiers de la Quinzaine* (1900-1914), tient une place à part dans le classicisme moderne. Socialiste convaincu dans sa jeunesse, l'écrivain retrouve la foi en 1908. Pour lui, il n'y a pas d'opposition entre ses convictions politiques et spirituelles : c'est le même idéal mystique qui les anime. Ce mysticisme, Péguy lui donne une forme poétique en chantant Dieu, la beauté du monde et la joie de croire. Sa poésie est une exaltation de la parole sacrée qui exclut le lyrisme intime du poète. Péguy confère à certaines de ses œuvres une forme théâtrale inspirée du mystère médiéval (*Le Mystère de la charité de Jeanne d'Arc*, 1910). Il fait entendre la voix de Dieu. Le caractère litanique de son vers régulier et de son vers libre, qui suit la progression de la pensée et de l'inspiration, rappelle la prière, le texte biblique et la liturgie.

Le Mystère des Saints Innocents, 1912
Péguy

[...]
Ma puissance éclate assez dans toute matière et dans tout événement.
Ma puissance éclate assez dans les sables de la mer et dans les étoiles du ciel.
Elle n'est point contestée, elle est connue, elle éclate assez dans la création inanimée.
Elle éclate assez dans le gouvernement,
Dans l'événement même de l'homme.
Mais dans ma création animée, dit Dieu, j'ai voulu mieux, j'ai voulu plus.
Infiniment mieux. Infiniment plus. Car j'ai voulu cette liberté.
J'ai *créé* cette liberté même. Il y a plusieurs degrés de mon trône.
[...]

Péguy compare ses poèmes à des tapisseries : ils tramdent inlassablement des thèmes, des sonorités et des cadences qui doivent exprimer fidèlement la richesse de la vie et l'omnipotence divine. Le caractère répétitif, monotone, oratoire et souvent didactique de sa poésie a souvent été reproché à Péguy. L'originalité et la singularité de son inspiration limitent le rayonnement de son œuvre. Mais, en tant qu'éditeur, Péguy fait beaucoup pour la diffusion des œuvres nouvelles : dans ses *Cahiers*, il publie des poèmes d'André Spire, dont l'inspiration judaïque s'allie à des recherches très fécondes sur le rythme et la diction poétiques. Péguy édite également le grand roman de Romain Rolland *Jean-Christophe* (1904-1912).

Unis par l'amitié et par un état d'esprit commun, les poètes fantaisistes proposent une manière originale et neuve d'aborder les rapports du classicisme et de la modernité. Leur but n'est pas de défendre la renaissance classique mais de faire la synthèse de la tradition et de l'invention. Claudien, Francis Carco, Tristan Derème, Léon Vérane, Jean Pellerin, Philippe Chabaneix et Paul-Jean Toulet se déclarent héritiers de Villon, de La Fontaine et de Laforgue. Ils retrouvent les vertus de la contrainte formelle. Mais ils pervertissent subtilement la prosodie traditionnelle pour en tirer des effets tout à fait nouveaux. Toulet, par exemple, réinvente les contrerimes, courtes pièces où l'alternance croisée des octosyllabes et des hexasyllabes se combine avec le schéma embrassé des rimes :

> À Londres je connus Bella,
> Princesse moins lointaine
> Que son mari le capitaine
> Qui n'était jamais là.
>
> Et peut-être aimait-il la mangue ;
> Mais Bella, les Français
> Tels qu'on le parle : c'est assez
> Pour qui ne prend que langue ;
>
> Et la tienne vaut un talbin.
> Mais quoi ? Rester rebelle,
> Bella, quand te montre si belle
> Le désordre du bain ?
> (Toulet, *Les Contrerimes*, LV, 1920)

Il se dégage de ses poèmes elliptiques et ciselés une densité et une virtuosité séduisantes. Toulet pratique un humour discret, né des jeux de mots, des images, des sonorités et des rythmes. Son ton doux-amer révèle une discrète mélancolie. Chez les Fantaisistes en effet, le plaisir de vivre le dispute souvent à l'ironie et à l'auto-dérision. Ils prennent leurs distances avec les grands sentiments et les poncifs poétiques. Loin d'être des boute-en-train ou des iconoclastes, ils ont la révolte pudique, mais fière et sincère. En faisant jouer, aux deux sens du mot, irrégularité et régularité, sentiments graves et bonheur du langage, les Fantaisistes suggèrent fidèlement l'ambiguïté de leur attitude désinvolte et gracieuse :

> T'en souviens-tu (comme on écrit dans les romances)
> T'en souviens-tu de ce dimanche des dimanches
> Où nous avons erré sous les mornes platanes
> Après l'azur et la poussière et la chaleur ?
>
> Souvenirs, souvenirs, venez qu'on vous rétame ;
> C'est moi qui suis le rétameur !
> Ah ! malgré qu'on veuille sourire,
> Moi, j'ai des larmes plein le cœur
> Et je m'en vais à la dérive. […]
> (Tristan Derème, *La Verdure dorée*, CIII, 1922)

La poésie fantaisiste reçoit dans les milieux poétiques un accueil favorable. Elle séduit aussi bien Jean-Marc Bernard qu'Apollinaire, Max Jacob qu'Eugène

Montfort. Sans doctrine et sans ambition collective, les Fantaisistes apportent une réponse anti-conformisme aux questions qui obsèdent la poésie contemporaine.

Au début du siècle s'épanouit une poésie moderne ennemie de l'excès. Alors que les tentatives de restauration du classicisme courent à l'échec, les expériences les plus réussies sont les œuvres de poètes indépendants qui concilient héritages, invention et préoccupations individuelles. Parce qu'il n'a pas de chef de file, qu'il rassemble des personnalités variées, qu'il draine des courants tantôt convergents, tantôt divergents, et qu'il n'a pas pour but de révolutionner l'écriture poétique, le classicisme moderne engendre une dynamique sans provoquer de bouleversements. Il existe d'autres poètes et d'autres groupements dont l'originalité et l'inventivité témoignent d'une révolution poétique en marche.

IV – Le chant du monde

La plupart des défenseurs du Symbolisme et du Classicisme tentent d'exprimer la sensibilité moderne au moyen de formes poétiques rénovées. Ils choisissent dans la réalité les phénomènes les plus conformes à leurs ambitions esthétiques : la vie, l'humanité, la foi et les profondeurs du *moi* sont des thèmes récurrents que leur conscience d'homme moderne appréhende de façon nouvelle. Somme toute, ces poètes perpétuent la tradition baudelairienne en dégageant l'éternel du transitoire. Or, au début du siècle, des expériences plus innovantes voient le jour : le transitoire s'approprie progressivement les qualités de l'éternel ; le monde moderne, habituellement senti comme prosaïque, devient source d'inspiration poétique ; l'universalité change de définition ; la vie se définit comme flux vital.

A – La tentative naturiste

Le Naturisme est la première école littéraire à tenter une réconciliation absolue de la vie et de la poésie. Le public prend connaissance de la doctrine de Saint-Georges de Bouhélier et de Maurice Le Blond en 1896, grâce à un manifeste paru dans *Le Figaro*. Les Naturistes ont pour ambition de chanter la nature, c'est-à-dire la vie en général, et plus précisément l'homme et le paysage. Ils font l'éloge des humbles, des réalités familières et des vertus du travail. Ils sont encouragés par Zola, qui célèbre lui aussi « les travaux et les jours » dans son drame lyrique en prose *Messidor* (1897). La poésie naturiste puise sa grandeur et sa force dans les traditions, les sentiments populaires et le génie national. Elle exalte l'« héroïsme quotidien », attitude qui consiste à vivre avec enthousiasme la banalité quotidienne, à percevoir la beauté et l'infini dans tous les aspects de la vie. Elle affirme qu'il n'y a pas de différence entre la vie et la poésie : l'esthétique naturiste est inséparable de l'éthique. Le

Naturisme se bat contre l'artifice et le formalisme symbolistes. Il est cependant idéaliste ; il rappelle l'idéo-réalisme de Saint-Pol-Roux mais il n'en partage ni l'emphase, ni le mysticisme. Il s'affirme comme une esthétique religieuse, au sens étymologique du terme (*religio* : lien) : les peuples, les hommes et les phénomènes de la nature sont tous reliés les uns aux autres par les multiples formes que prend la vie universelle. Le poète, grâce au rythme de son vers, chante l'hymne de la vie toute entière. Le Symbolisme était métaphysique ; le Naturisme est panthéiste. Pour le Naturiste, l'idéal est omniprésent dans le réel.

Le refus de l'idéalisme absolu, l'enthousiasme devant la vie, la dimension sociale et humaine du Naturisme séduisent beaucoup d'écrivains. Emmanuel Signoret et Adolphe Retté se rallient au mouvement ; Gide et Maurras encouragent ce premier signe tangible de renouveau poétique. En 1899, pour consolider la position de son groupe dans le monde littéraire, Bouhélier fonde la *Revue naturiste*, qui paraît jusqu'en 1903. Mais les théories ne suffisent pas ; encore faut-il produire des œuvres qui en montrent l'efficacité et la nouveauté. Il ne sort des tablettes de Bouhélier et de Le Blond que des vers libres lyriques, où les principes naturistes sont illustrés de manière un peu mécanique.

***La Romance de l'homme*, 1912**
Bouhélier

L'HOMME QUI MARCHE

Dans le lointain, — du fond rose et vert de l'automne,
Voici l'homme !
    J'entends son pas de fer qui sonne...
Il vient, cet homme gourd et lourd ! Il est celui
Qu'un dieu désigne pour ouvrir de nouveaux puits...
Là-haut, sur la colline en pierre sèche et bleue,
Sa silhouette rampe avec le poids des lieues.
Son gros soulier traînant s'englue à des limons
Rouges. — Là-bas un coq nous crache ses poumons
Dans l'aurore, un coq morne étrangement nous troue
De son cri, comme d'un grand glaive, hors des boues !...
[...]

Les critiques signalent aussitôt le manque d'envergure et d'originalité des Naturistes ; Jammes est meilleur poète sans être doctrinaire. En 1902, l'Humanisme, fondé par Fernand Gregh, vient concurrencer le Naturisme fragilisé. Gregh célèbre aussi l'homme et la beauté de la vie. La polémique qui naît entre les deux camps n'est qu'une bataille parmi celles qui agitent le monde poétique. Pas plus que Bouhélier, Gregh ne réussit à concrétiser ses théories et à renouveler les formes poétiques. Il résout l'antagonisme entre le réel et l'idéal en bâtissant une théorie idéo-réaliste, mais il reste prisonnier de cette opposition classique. Il s'intéresse aux aspects les plus universels et les plus traditionnels de la vie, mais il occulte la vie moderne. C'est justement la dimension concrète de la modernité que d'autres poètes prennent en compte, en se forgeant des instruments poétiques vraiment nouveaux.

B – Le monde moderne est poétique

Depuis la fin du siècle précédent, le développement des transports rend plus aisées les communications à l'intérieur des pays, d'un pays à l'autre et d'un continent à l'autre. Les relations internationales se multiplient, et avec elles, le sentiment d'appartenir à une communauté humaine plus large que la nation. L'humanité n'est plus seulement considérée d'un point de vue anthropologique, spirituel ou biologique ; elle est aussi perçue par l'expérience individuelle. L'internationalisme socialiste prend de l'ampleur. Quelques utopistes rêvent d'une humanité réconciliée, échappant à la malédiction de Babel, et inventent des langues internationales : espéranto, volapük, langue bleue.

Les inventions techniques modifient profondément la perception du monde. Röntgen divulgue sa découverte des rayons-X en 1895, les frères Lumière font leur première projection cinématographique la même année, et Marconi invente la télégraphie sans fil en 1896. La communication peut désormais s'établir sans contact physique direct : les hommes sont en mesure d'être partout en même temps. Les moyens de transports accentuent le sentiment d'ubiquité. L'électrification des transports urbains et ferroviaires, le métropolitain de Bienvenüe, inauguré à Paris en 1900, les paquebots transatlantiques et l'automobile augmentent la vitesse et la souplesse des déplacements.

Cendrars

LE PANAMA OU LES AVENTURES DE MES SEPT ONCLES (1918)

[...]
Je tourne dans la cage des méridiens comme un écureuil dans la sienne
Tiens voilà un Russe qui a une tête sympathique
Où aller
Lui non plus ne sait où déposer son bagage
À Léopoldville ou à la Sedjérah près Nazareth, chez Mr Junod ou chez
    mon vieil ami Perl
Au Congo en Bessarabie à Samoa
Je connais tous les horaires
Tous les trains et leurs correspondances
L'heure d'arrivée l'heure du départ
Tous les paquebots tous les tarifs et toutes les taxes
[...]

L'aviation naissante — Ader fait son premier vol en 1897 ; Blériot traverse la Manche en 1909 — réalise le vieux rêve du mythe d'Icare. Le merveilleux scientifique sert de base à de nombreux romans. Les objets et les inventions techniques entrent dans les poèmes :

> Soirs de Paris ivres du gin
> Flambant de l'électricité
> Les tramways feux verts sur l'échine
> Musiquent au long des portées
> De rails leur folie de machines
> (Apollinaire, « La Chanson du Mal Aimé », *Alcools*, 1913)

Les artistes ne se bornent pas à retrouver dans la modernité des formes éternelles. Blaise Cendrars aime ce qui est radicalement nouveau. Les marques industrielles, les noms de firmes, les réclames et les journaux sont pour lui des matières poétiques. Il est même l'un des rares poètes à évoquer l'économie moderne. Les écrivains découvrent le potentiel poétique de la vie moderne :

> Tu lis les prospectus les catalogues les affiches qui chantent tout haut
> Voilà la poésie ce matin et pour la prose il y a les journaux
> Il y a les livraisons à 25 centimes pleines d'aventures policières
> Portraits des grands hommes et mille titres divers
> (Apollinaire, « Zone », *Alcools*)

Les artistes ont l'impression d'avoir les hommes et le monde à portée de main. La technique leur apporte des sensations nouvelles. La radiographie leur montre ce qu'ils n'avaient jamais vu : l'intérieur de leur propre corps. La conscience du corps est d'ailleurs en train d'évoluer. La pratique sportive se répand et fait son entrée dans les programmes scolaires. L'industrialisation de la construction automobile met la machine à la disposition d'un nombre limité mais croissant d'utilisateurs. Comme l'aviation, la conduite est considérée comme un sport. Grisés par la vitesse et les sensations, les artistes se sentent de l'audace et des velléités d'héroïsme. Ils font l'expérience du dynamisme de la vie et de l'ubiquité. Tous ne sont pas atteints de « modernolâtrie », mais ils s'émerveillent devant la magie moderne.

Les poètes entreprennent d'exprimer la simultanéité et la présence physique au monde. Ils y sont encouragés par les œuvres de Verhaeren et de Whitman, ainsi que par la pensée de philosophes rompant avec la métaphysique traditionnelle : William James, Nietzsche et Bergson. Les Parnassiens postulaient une vérité et une beauté éternelles séparées du monde sensible. Les Décadents et les Symbolistes, influencés par Schopenhauer, faisaient du monde leur représentation. En partant de leurs propres sensations pour atteindre l'idéal et la vérité, ils avaient conscience de créer des fictions, c'est-à-dire de donner une origine subjective à leur conception de l'univers et du mystère de la création. Mais tout en valorisant la notion de « point de vue », ils restaient tributaires de l'idéal du savoir universel. Dans les années 1890, les premières traductions de Nietzsche en français mettent les milieux poétiques en effervescence. Pour Nietzsche, il n'y pas de vérité cachée sous les apparences ; celles-ci sont la réalité et la vérité. La vie est dans les apparences, non au-delà. Les différents phénomènes sensibles ne sont pas des substances étanches ; ils ne peuvent être réduits à des unités immuables, identiques à elles-mêmes. Ils changent constamment et sont reliés entre eux par de multiples réseaux toujours mouvants, parfois contradictoires. Selon Nietzsche, le monde est en perpétuelle métamorphose. Par conséquent, l'art perd sa dimension métaphysique. Il se fonde uniquement sur le sensible, qui a une fonction authentiquement créatrice. En assumant totalement son statut de fiction, il trouve sa vérité dans sa fausseté même. Apparence et vérité comme tout ce qui fait la vie, l'art n'est plus séparé de la vie : il la crée puisqu'il invente des fictions. La philosophie nietzschéenne confirme les poètes français dans certaines de leurs intuitions. Les sensations sont désormais valorisées pour elles-mêmes ; la vie est abordée dans sa richesse et sa complexité. L'œuvre poétique affirme son autonomie absolue : elle n'est plus prisonnière d'une vérité idéale, ni de l'organisation objective du monde ; elle assume son organisation et son fonctionnement propres. Le poète de l'Esprit nouveau est un créateur au sens le plus plein du terme : il n'a plus à justifier les formes qu'il emploie devant le tribunal de la vérité et de la beauté universelles.

Bergson a également influencé les écrivains du tournant du siècle. Le philosophe français affirme que la durée n'existe que pour notre conscience. En dehors de nous, les choses existent sans se succéder et tiennent des positions simultanées. La vie excède les cadres que nos catégories de pensée veulent lui imposer. Nous devons donc revoir notre mode de connaissance pour l'adapter à la complexité du réel. L'intuition se substitue ainsi à la raison comme premier mode d'appréhension de la réalité. Selon Bergson, l'art n'exprime pas les sentiments en les faisant sortir de nous, mais les imprime, c'est-à-dire les révèle à notre conscience, qui elle-même les ordonne. Le sentiment esthétique existe dès qu'un sentiment est éprouvé et suggéré. Mais il est plus intense, plus riche, plus profond et plus élevé que le sentiment suggéré par la nature. En effet, l'art dispose du rythme, qui n'existe pas dans la nature, et qui fixe l'attention du sujet, qui épure la suggestion. En ce sens, l'art précède et dépasse la nature. Les idées de Bergson suscitent l'enthousiasme des poètes, qui ont l'intuition de la simultanéité des phénomènes et qui cherchent les moyens poétiques de l'exprimer. Bien entendu, tous les écrivains n'ont pas lu Nietzsche et Bergson. La plupart du temps, ils n'en ont qu'une connaissance vague et indirecte, voire erronée. Chez certains poètes cependant, la philosophie fonde la poétique. Florian-Parmentier, qui crée l'Impulsionnisme en 1904, définit l'intuition comme l'impulsion créatrice par excellence et comme le point de contact entre l'essence infinie et le *moi* du poète. Influencé par Bergson, Tancrède de Visan modifie la définition du Symbolisme et l'adapte à la sensibilité contemporaine : sous sa plume, le Symbolisme rompt avec l'idéalisme allemand pour devenir une poésie de la vie et de l'action, de l'intuition et de l'introspection.

Réfractaires à tout système, les pensées de Nietzsche et de Bergson intéressent des écrivains libérés des catégories transcendantes, désireux de saisir la vie dans son devenir et sa diversité, soucieux d'exprimer le *continuum* spatio-temporel dynamique qu'ils perçoivent en eux et autour d'eux. À l'aube du XXe siècle, le concept traditionnel de Beauté perd progressivement de sa valeur et le présent remplace peu à peu l'éternité.

1 – L'expérience de l'Abbaye et l'Unanimisme

En 1906, un petit groupe de jeunes artistes s'installe à Créteil dans le but de former un phalanstère artistique. René Arcos, Henri-Martin Barzun, Alexandre Mercereau, Georges Duhamel, Charles Vildrac et le peintre Albert Gleizes viennent de fonder l'Abbaye. Jules Romains, Filippo-Tomaso Marinetti et Pierre-Jean Jouve s'intéressent de près à leurs recherches. L'expérience de l'Abbaye, racontée par Duhamel dans son roman *Le Désert de Bièvres* (1937), naît dans l'enthousiasme. Les poètes vont imprimer et distribuer eux-mêmes leurs œuvres. À la formule de Laforgue : « Que la vie est quotidienne ! » se substitue l'exclamation de Vildrac : « Ah ! que la vie est belle ! » Sans renier les apports du Symbolisme, les poètes de l'Abbaye choisissent le dynamisme de la vie contre l'immobilisme, la vitalité contre l'artifice. Plus que le choix du vers libre et des assonances, c'est la dimension épique qui singularise les œuvres d'Arcos et de ses amis. Mais dans les épopées de l'Abbaye, point de batailles, point de révolutions, point de héros ; les poèmes chantent la joie de vivre et d'appartenir à la communauté des hommes. L'esthétique est soutenue par une éthique et un mode de vie. Très vite hélas, le phalanstère se désagrège. La promiscuité engendre des dissensions. Les problèmes pécuniaires et les dysfonctionnements techniques ont raison de la bonne volonté des poètes. En 1908, les artistes de l'Abbaye se séparent définitivement.

La tentative a le mérite d'avoir fait entrer en poésie les notions de collectivité et de groupe humain. En 1903, remontant la rue d'Amsterdam avec son meilleur ami, un jeune khâgneux a une intuition poétique fulgurante : il s'aperçoit que les citadins, les transports urbains, les rues et les bâtiments forment le corps d'un « être vaste et élémentaire » dont le rythme recouvre celui des consciences individuelles. Il découvre au sein de la vie des âmes collectives qu'il baptise « unanimes ». Le jeune homme s'appelle Louis Farigoule et prendra bientôt le pseudonyme de Jules Romains. L'ami se nomme Léon Debille, dit Georges Chennevière. L'Unanimisme vient de voir le jour. Il faut encore quelques années pour que la nouvelle esthétique arrive à maturité. Après la publication de pièces éparses, Jules Romains fait paraître en 1908 *La Vie unanime*. Ce long poème est à la fois le récit d'une quête poétique et le manifeste de l'Unanimisme. Il est construit de façon dynamique. Chaque partie est autonome, mais se relie aux autres par différents types d'écho. Les vers libérés et la disposition typographique retracent les mouvements de la pensée ; les strophes sont remplacées par des séquences bâties sur une idée et non sur un système de rimes. *La Vie unanime* procède également de manière dialectique. Le poète prend d'abord conscience de l'existence des unanimes et de son appartenance à la collectivité : « Mon corps est le frémissement de la cité ». Il se révolte ensuite contre l'aliénation engendrée par cette appartenance : « Mes volontés ne m'appartiennent plus ». Il accepte finalement la communion unanimiste grâce à laquelle « Toutes les forces vont chanter ». La poésie unanimiste est une plongée dans le réel, et plus particulièrement dans le monde moderne et urbain. C'est aussi une poésie habitée par les hommes : les groupes humains sont souvent représentés de façon métonymique par les lieux publics qui les accueillent — rues, gares, casernes, théâtres, églises. Le sentiment de la simultanéité est donné par l'utilisation constante du présent et la juxtaposition des notations spatiales. En 1909, Romains tente de faire dire « L'Église » par plusieurs acteurs qui, déclamant ensemble, doivent rendre la multiplicité et l'harmonie des voix collectives. Comme la poésie de l'Abbaye, la poésie unanimiste renouvelle l'inspiration épique. La vie individuelle se dissout dans la vie universelle, le *moi* est happé par le *nous*, qui se fond lui-même dans les unanimes. Les sentiments intimes sont objectivés et deviennent autonomes. Le poète, observateur de la réalité et réceptacle des sensations de tous, atteint à une forme de dépersonnalisation :

[…]
Nous voulons librement que l'on nous asservisse ;
Avoir un dieu vaut plus qu'avoir la liberté.
Nos âmes qu'on a mis tant de jours à sculpter,
Et que des ornements somptueux enrichissent,
Nous les jetons, sans une larme, au précipice
De la cité.

Qu'elles aillent tomber sous les roues des voitures,
Rebondir aux pavés, cogner contre les murs,
Que les lourds mouvements du peuple les triturent,
Et que les foules, tournoyant comme des meules,
  Les cassent comme des grains mûrs !

Nous avons le désir d'aimer ce qui nous brise ;
Graves de quiétude et frémissants de joie,
Nous cessons d'être nous pour que la ville dise :
  « Moi ! »
(Jules Romains, « Nous, I », *La Vie unanime*)

« La poésie immédiate » des Unanimistes refuse l'artifice. Elle préfère au lyrisme et à l'image, le discours, le récit et la description. Dédaignant les rimes, mêlant des vers de mètres différents, utilisant un vocabulaire simple et direct, elle est empreinte d'un certain prosaïsme. Romains et ses amis cherchent à réaliser « un lyrisme objectif d'essence spirituelle ». En effet, il ne s'agit pas pour eux de mettre en vers la réalité brute, mais de faire prendre conscience aux hommes de leur participation à la vie collective. C'est pourquoi la discipline intellectuelle est nécessaire au poète unanimiste. C'est aussi pourquoi l'Unanimisme comporte une dimension religieuse : il révèle les liens humains et fait des unanimes des divinités nouvelles. Dans *Ce qui naît* (1910), René Arcos, qui s'est rallié à l'Unanimisme, donne à son lyrisme une dimension cosmogonique et divinise l'homme.

Romains a toujours nié que son mouvement fût une école. Mais il a tendance à faire preuve de dogmatisme. Conscient de l'isolement de son groupe, il tente en vain de se rapprocher d'Apollinaire et des poètes du *Festin d'Ésope*. Malheureusement pour lui, ceux-ci préfèrent conserver leur indépendance. La doctrine de Romains ne convainc pas vraiment les milieux littéraires. Le prosaïsme des recueils unanimistes jette le doute sur leur qualité poétique. L'Unanimisme est-il vraiment novateur ? En affirmant l'objectivité du monde et en se présentant comme une connaissance qui déifie l'homme, il repose une problématique déjà ancienne. L'Unanimisme est-il viable ? L'évolution poétique de ses poètes permet d'en douter. La tendance de Jules Romains à l'analyse se confirme avec la publication des *Odes et prières* (1913). Le poète délaisse l'épopée pour la méditation et la confidence intime. C'est le genre romanesque qui, après guerre, lui permettra de réaliser ses ambitions (*Les Hommes de bonne volonté*, 1932-1946). Dans l'inspiration unanimiste de Jouve apparaissent déjà en filigrane les préoccupations personnelles d'un homme tourmenté par l'amour, le péché, la mort et l'absolu (*Présences*, 1912 ; *Parler*, 1913).

L'Unanimisme concourt à renouveler la sensibilité et les formes poétiques, mais il n'est qu'une esthétique transitoire. Romains et Chennevière ne sont pas parvenus à rassembler les énergies créatrices ; ils devront poursuivre leur quête en solitaires. Pendant ce temps, quelques poètes font l'expérience d'un autre rapport au monde. Enthousiastes devant la vie, ils vivent authentiquement en poésie.

2 – De l'exotisme au cosmopolitisme

Parallèlement aux tentatives naturistes et unanimistes se développe une poésie originale nourrie d'une véritable expérience de la vie. Des poètes farouchement indépendants, voyageurs ou aventuriers, mettent en poésie le vaste monde sans s'embarrasser de déclarations théoriques. L'exotisme des années 1910 est bien différent de celui du siècle précédent : ce n'est plus la couleur locale romantique, ni l'évasion baudelairienne, ni l'érudition parnassienne, ni le désenchantement de Loti. Henry Jean-Marie Levet, diplomate et poète à ses heures, écrit des *Cartes postales* mordantes et pittoresques. Son exotisme désenchanté refuse l'esprit de sérieux comme l'exaltation naïve du dépaysement.

Jules Supervielle, qui est encore un inconnu, fait l'expérience de la communion cosmique. Victor Segalen, médecin de marine, archéologue et poète, a un grand souci d'exactitude ethnographique. En abordant la civilisation chinoise, il confronte le réel et l'imaginaire, repense le sacré, et retrouve ses préoccupations personnelles. Son œuvre demeure confidentielle ; *Stèles* est publié à quatre-vingts exemplaires hors commerce en 1912. Ce sont surtout Valery Larbaud et Blaise Cendrars qui orientent l'inspiration exotique vers un cosmopolitisme original, grâce auquel le poète, réceptif aux cultures étrangères, devient un citoyen du monde. Leur poésie se distingue de l'épopée universaliste des Unanimistes. En effet, il n'y a pas chez eux de grandissement épique, ni de dépersonnalisation, ni de déification du poète. L'expérience individuelle et les circonstances de la vie possèdent leur valeur propre. Larbaud et Cendrars n'exaltent pas la vie moderne à la manière futuriste. Ils l'appréhendent dans sa relation intime au *moi* : l'expérience cosmopolite exprime les différentes états d'un *moi* éclaté et multiple qui tente, par la poésie, de se trouver et d'opérer une synthèse. Les deux poètes ouvrent les portes de la modernité.

Entre 1902 et 1908, Larbaud fait le tour de l'Europe. Le jeune héritier des sources Vichy Saint-Yorre voyage luxueusement, ce qui ne l'empêche pas de regarder le monde avec lucidité et la souffrance humaine avec compassion. Collaborateur de la *N.R.F.*, il contribue à faire connaître les grands noms de la littérature étrangère en France. Dans *Les Poésies d'A. O. Barnabooth* (1913 ; première parution en 1908, sous le titre *Poèmes par un riche amateur, ou œuvres françaises de M. Barnabooth*), il choisit d'exprimer les relations entre son *moi* profond, son *moi* social et le monde au moyen du personnage fictif d'un riche voyageur. Les spectacles que lui offre le voyage ne font pas l'objet de descriptions minutieuses ou symboliques. Ce sont des notations fulgurantes qui, comme les mots étrangers, ne valent pas seulement par leur pittoresque. Les réalités exotiques s'imposent par leur présence et leur étrangeté radicale. Elles importent dans cette poésie française la sensibilité des autres cultures. Elles véhiculent également une charge émotionnelle intense : les états d'âme sont inséparables des lieux et des moments qui les ont fait naître. Larbaud exprime l'ubiquité par la juxtaposition et la mise en relation de réminiscences, de souvenirs et d'évocations volontaires liés à différents temps et à différents espaces.

***Les Poésies d'A. O. Barnabooth**, 1913*
Larbaud

YARAVI

[...]
Mais laissez-moi m'attendrir un peu sur mon enfance,
Me revoir à quinze ans dans les rues d'Odessa ;
Laissez-moi pleurer dans la nuit sans savoir pourquoi,
Et chanter dans le vent ces vers :
« Ya que para mi no vives »,
Sur un air de valse entendu je ne sais où, un air de tziganes,

> Chanter en sanglotant sur un air de tziganes !
> Le souvenir me fait revoir des pays éblouissants :
> Des rades pleines de navires et des ports bleus
> Bordés de quais plantés de palmiers géants et de figuiers
> Gigantesques, pareils à des tentes de peau pendues aux cieux ;
> Et d'immenses forêts à demi submergées,
> Et les paseos ombragés de Barcelone ;
> De dômes d'argent et de cristal en plein azur ;
> Et la Petite-Cythère, creuse comme une coupe,
> Où, le long des ruisseaux les plus calmes du monde,
> Se jouent toutes les pastorales du vieux temps ;
> Et ces îles grecques qui flottent sur la mer...
> [...]

Le poète cherche à réunir les fragments de lui-même et à échapper à l'éclatement sans détruire le dynamisme et la discontinuité. Les rencontres, les paysages et les décors sont évoqués pour dire la vie intérieure ; les mouvements du monde correspondent aux « borborygmes » intérieurs du poète. Le chant du monde est aussi le chant de soi-même :

> [...]
> Ah ! il faut que ces bruits et que ce mouvement
> Entrent dans mes poèmes et disent
> Pour moi ma vie indicible, ma vie
> D'enfant qui ne veut rien savoir, sinon
> Espérer éternellement des choses vagues.
> (« Ode », *Les Poésies d'A. O. Barnabooth*)

Larbaud manifeste le sentiment moderne de la simultanéité sans abandonner tout à fait la prosodie traditionnelle. Ses vers libres gardent la trace des mètres classiques : Larbaud étend l'alexandrin sans malmener les césures, joue avec les apocopes et les enjambements, retrouve parfois la forme de la strophe, ou la délaisse pour des séquences qui correspondent aux moments de la pensée.

Larbaud est un dandy, Cendrars est un aventurier. Le poète d'origine suisse se met à voyager très tôt et « bourlingue » toute sa vie. En 1907, il est à Paris, où il rencontre Gourmont, Apollinaire et les Cubistes. *Les Pâques à New York*, long poème publié en 1912, écrit en distiques de vers libérés, exprime une interrogation spirituelle assez classique. Ce qui l'est moins, c'est la dimension christique conférée à l'humanité souffrante et humble des émigrants de New York. C'est aussi l'alliance de l'inquiétude personnelle et du dynamisme moderne. Au lieu de s'enfermer dans l'élégie traditionnelle, ou de fondre son *moi* dans la collectivité, Cendrars préserve la diversité humaine et sa propre individualité. La *Prose du Transsibérien* (1913) est d'une modernité sans précédent, car elle témoigne d'une rupture et d'une invention que la majorité des poètes, hormis Apollinaire, Max Jacob et les Futuristes, n'ont pas produites. Publié comme un dépliant avec une illustration de Sonia Delaunay, le poème est une expérience vivante de simultanéité. Tout en suivant la chronologie d'un voyage en train, il procède par ruptures, collages et acousmates. Le passé se juxtapose au présent. Le présent de l'écriture englobe tous les temps et tous les lieux connus par le poète. Le vers libre s'affranchit de la rime et du mètre classiques pour coïncider avec le rythme du voyage et les soubresauts de la conscience. Les énumérations et les images s'enchaînent selon une logique intime et poétique. Cendrars se passe volontiers de la ponctuation, cet instrument lyrique traditionnel. Voici un lyrisme vraiment nouveau, où le souffle de la vie anime les vers, sans didactisme, sans idéalisme. La *Prose*, malgré son titre, est aux antipodes du lyrisme objectif de Romains. Comme dans tous les poèmes de Cendrars, la poésie y est action. Le vécu existe sans préjugés livresques ou théoriques :

> [...]
> Dans les déchirures du ciel, les locomotives en furie
> S'enfuient
> Et dans les trous,
> Les roues vertigineuses les bouches les voix
> Et les chiens du malheur qui aboient à nos trousses
> Les démons sont déchaînés
> Ferrailles
> Tout est faux accord
> Le *broun-roun-roun* des roues
> Chocs
> Rebondissements
> Nous sommes un orage sous le crâne d'un sourd...
> [...]
> (*La Prose du Transsibérien*)

La poésie de Cendrars est habitée. Dans les poèmes de cet amateur de roman populaire, il y a quantité de personnages hauts en couleurs, réels, mythiques ou imaginaires (*Le Panama ou les aventures de mes sept oncles*, 1918). La narration refuse la linéarité du récit traditionnel ; la description se limite à des notations foudroyantes, où les éléments du monde existent pour eux-mêmes. Cendrars qualifie ses *Dix-neuf poèmes élastiques* (1919) de poèmes de circonstance. Mais tous ses poèmes le sont en quelque manière. Différents des bluettes qu'on désigne d'ordinaire sous ce nom, ils sont de circonstance car la vie et la poésie sont elles-mêmes événements. La simultanéité, l'éclatement et la multiplication des voix participent à dire la diversité du *moi* et à en faire la synthèse. Comme Larbaud, Cendrars est à la recherche de lui-même dans son expérience du monde moderne.

Les deux poètes se livrent à des recherches individuelles. À leurs côtés, certains écrivains essaient d'inventer en commun de nouvelles formules. Leur poésie est à la fois expérience et expérimentation. Leur mot d'ordre est l'audace.

V – La gestation de l'avenir

> Hommes de l'avenir souvenez-vous de moi.
>
> (Apollinaire, « Vendémiaire », *Alcools*, 1913)

Outre la question des rapports de l'art et de la vie moderne, les poètes ont à résoudre deux grands problèmes : l'expression de la simultanéité et celle du dynamisme. À cela s'ajoute une réflexion sur la définition de la poésie et sur la fonction du poète. Les recherches les plus poussées aboutissent à une formule tout à fait nouvelle et apparemment contradictoire : l'art n'est pas séparé de la vie mais il affirme aussi son autonomie absolue et sa vérité propre.

Les Futuristes italiens inventent de toutes pièces une esthétique fille de la technique, de la vitesse et de l'héroïsme. Dans un élan messianique, ils annoncent une société et un homme nouveaux. Les poètes français, de leur côté, prennent des leçons chez les peintres. En 1905, les Fauves provoquent un scandale en présentant au Salon d'Automne des toiles aux couleurs pures qui rompent radicalement avec le réalisme. Quelques temps plus tard, les Cubistes inventent un art non figuratif, affranchi de l'imitation de la nature. Le sujet de la toile n'est plus la réalité anecdotique d'un paysage ou d'un personnage, mais le mouvement même de la perception et la simultanéité des phénomènes. Braque et Picasso décomposent les figures et les volumes pour les recomposer selon une logique nouvelle, fondée sur les plans et les lignes. Ils rompent avec la perspective traditionnelle et réduisent les chromatismes au bistre et au brun. Les objets prosaïques ajoutés à la toile — timbres-poste, ficelle, papier journal, etc. — prennent une valeur artistique.

Avec l'essor de l'abstraction, le tableau devient son propre objet, parle de sa propre création. Chez Delaunay, ce sont le dynamisme et la lumière qui constituent les véritables sujets de la toile. Kandinsky et les membres du *Blaue Reiter* rejettent les éléments accessoires de la réalité pour privilégier une « nécessité intérieure » d'ordre spirituel. L'artiste moderne n'imite plus la nature dans ce qu'elle est, mais dans ce qu'elle fait ; autrement dit, il est un créateur de mondes qui, au lieu de produire des simulacres, atteint la vérité artistique. Apollinaire appelle la nouvelle esthétique « orphisme » ou « surnaturalisme ». En donnant une dénomination commune aux recherches picturales et poétiques, il souligne la convergence des ambitions artistiques de son temps. Mais qu'on ne s'y trompe pas. Les poètes n'imitent pas les peintres. Ils agissent avec leurs moyens propres. La poésie cubiste n'existe pas.

A – Émergence de l'avant-garde

La notion d'avant-garde s'affirmit vers 1910. Elle désigne la pointe extrême de la modernité. Les poètes qui peuvent s'en réclamer font table rase du passé et travaillent au présent pour préparer l'avenir. En effet, ils ne se bornent pas à vivre une aventure intime et poétique individuelle. Pour eux, les changements artistiques sont intimement liés à l'évolution morale, politique et sociale. Telle est aussi la démarche des Unanimistes. Mais l'avant-garde se caractérise par un besoin de destruction et d'invention sans précédent. Elle renverse toutes les valeurs. Il n'est pas indifférent qu'elle ait trouvé son nom dans le vocabulaire militaire. Ses expériences formelles sont aventureuses et excessives.

C'est en Italie que naît le Futurisme. Marinetti signe un manifeste qu'il envoie à divers journaux européens ; mais c'est sur Paris qu'il compte pour imposer ses idées : le 20 février 1909, le *Manifeste du futurisme* paraît à la une du *Figaro*. Voici quelques-uns de ses mots d'ordre.

> ***Manifeste du futurisme**, 1909*
> [...]
> 3 – La littérature ayant jusqu'ici magnifié l'immobilité pensive, l'extase et le sommeil, nous voulons exalter le mouvement agressif, l'insomnie fiévreuse, le pas gymnastique, le saut périlleux, la gifle et le coup de poing.
> 4 – Nous déclarons que la splendeur du monde s'est enrichie d'une beauté de la vitesse. Une automobile de course avec son coffre orné de gros tuyaux tels des serpents à l'haleine explosive... une automobile rugissante, qui a l'air de courir sur de la mitraille, est plus belle que la Victoire de Samothrace.
> [...]
> 8 – Nous sommes sur le promontoire extrême des siècles !... À quoi bon regarder derrière nous, du moment qu'il nous faut défoncer les vantaux de l'impossible ? Le Temps et l'Espace sont morts hier. Nous vivons déjà dans l'absolu, puisque nous avons déjà créé l'éternelle vitesse omniprésente.
> [...]
> 10 – Nous voulons démolir les musées, les bibliothèques, combattre le moralisme, le féminisme et toutes les lâchetés opportunistes et utilitaires.
> [...]

Les Futuristes s'arrogent une liberté totale ; assimilant traditions, passéisme et académisme, ils leur opposent l'innovation absolue. Ils présentent l'artiste comme un héros qui sait vivre vite et dangereusement. La modernolâtrie futuriste exalte la vitesse et les machines, modèles de perfection pour l'homme. L'unité du *moi* est abandonnée au profit de la démultiplication de soi-même. Les Futuristes valorisent l'agressivité, l'énergie, la révolte. Ils chantent la guerre et le patriotisme : « *Lasciate ogni paura, o voi ch'entrate* » (*Ô vous qui entrez, abandonnez toute peur*). Giovanni Papini ne pouvait trouver mieux qu'une paraphrase de la *Divine Comédie* de Dante pour montrer à ses concitoyens que la révolution était en marche.

Quelles formes artistiques donner à ces principes ? En peinture, c'est le dynamisme, le refus de l'imitation de la nature, la juxtaposition synthétique des temps et des espaces, des phénomènes extérieurs et des sensations intérieures, de l'imagination et de la réalité. En poésie, c'est l'invention de l'imagination sans fils et des mots en liberté. Le poète futuriste refuse l'intellectualisme. Pour entrer en contact direct avec la matière, il se laisse guider par son instinct. Il supprime la syntaxe canonique et la ponctuation qui ralentissent le rythme, les adjectifs et les verbes conjugués qui entravent l'imagination. Il utilise des infinitifs et des substantifs, qui sont plus percutants ; il remplace les liens syntaxiques par des signes mathématiques ; il recourt aux onomatopées, aux changements typographiques et à la spatialisation pour rendre les sensations dans leur force, leur surgissement et leur chaos.

Aéroplane Bulgare

INDIFFÉRENCE

DE 2 RONDEURS SUSPENDUES

SOLEIL + BALLON

CAPTIFS

flammes géantes   colonnes de fumée   spirales d'étincelles

villages turcs incendiés

grand *T*

rrrrronrrronnant d'un monoplan (pla-pla-pla-pla-pla-pla) bulgare + neige lente de petits manifestes

> **Manifeste lancé par un aéroplane bulgare
> le 30 octobre 1912 à 5 heures du soir**
>
> Nous-autres Bulgares faisons la guerre au gouvernement turc, qui est incapable de gouverner convenablement. Nous ne sommes pas contre la population musulmane et nous ne désirons pas verser de sang. Andrinople est cerné de toutes parts. La route de Constantinople est coupée. Andrinople ne peut recevoir de secours d'aucun côté. Dans ces conditions pourquoi voulez-vous verser encore du sang ? Mille canons sont pointés contre Andrinople. Si la ville ne se rend pas, elle sera complètement détruite et dévastée.

Le Futurisme représente la tendance la plus révolutionnaire de la modernité. Devant ses excès, les poètes français sont stupéfaits, scandalisés, ou plus simplement sceptiques. Apollinaire n'encourage la tentative futuriste que du bout des lèvres. Pour lui, l'audace des Italiens est louable mais en tout état de cause, grotesque et stérile. De très rares poètes français, comme Valentine de Saint-Point, font des tentatives isolées qui restent sans suite. Les Français veulent une avant-garde qui corresponde mieux à leur sensibilité. Il n'y aura pas de futurisme français.

En créant le Paroxysme en 1910, Nicolas Beauduin invente une esthétique dynamique, capable d'exprimer la pluralité de la vie. Selon lui, la beauté moderne naît des nouvelles réalités techniques. À la suite de Ghil et de Lacuzon, le poète réconcilie la poésie et la science. Dans *La Cité des hommes* (1914), il tente d'exprimer « le pluralisme cinématique de l'époque », il exalte l'esprit humain et la vie universelle. Toutefois, les expériences maladroites et brouillonnes de Beauduin n'enthousiasment guère les milieux poétiques.

Henri-Martin Barzun, croyant avoir trouvé une formule poétique révolutionnaire, fonde le Dramatisme en 1912. Sa définition est la suivante :

> Voici l'homme capable de révéler sa vision multiple et totale de l'*Individuel*, du *Collectif*, de l'*Humain* et de l'*Universel*. La synthèse permanente de ces ordres fondamentaux existe sans consentement préalable. Mais la perception et la révélation simultanée des éléments de cette synthèse ne peut pas ne pas modifier profondément l'expression du chant individuel.
> Ainsi, ce chant, accru en intensité, perd son caractère monodique unilatéral et atteint à l'ampleur polyphonique ; ainsi le lyrisme simple est absorbé par un lyrisme multiple, supérieur, qui utilise tous les modes d'expression connus ; ainsi, les ordres psychologiques fondamentaux, à l'état de *voix* et de *présences* poétiques simultanées, *dramatisent* l'œuvre ; ainsi le poème devient *drame* par l'innombrable conflit de ces ordres, entre individuel et universel. (*L'Ère du drame*, 1912)

Contrairement aux Futuristes, Barzun se reconnaît d'illustres précurseurs. Il retrouve son Dramatisme dans certaines œuvres de Verhaeren, de Vielé-Griffin, de Gide et de Saint-Pol-Roux. Contrairement aux Unanimistes, il a compris que les notions de « collectivité » et de « simultanéité » nécessitaient l'invention de formes totalement nouvelles. Barzun est à la recherche d'un

« lyrisme plastique » qui rompe totalement avec la linéarité traditionnelle. Il se limite pourtant à exprimer la simultanéité en marquant par une accolade les vers qui doivent se dire ensemble, ou en donnant à ses poèmes la forme des chœurs d'opéra :

[...]
Un ouvrier :
   L'aéronef puissant a surgi de nos mains.
Un compagnon :
   J'ai fixé à son bord les amarres, les liens.
Un ingénieur :
   J'ai créé son métal, ses fluides, sa vapeur.
Un inventeur :
   Mon âme a délivré les rythmes de son cœur.
[...]
(« Les Acclamations de la ville »)

Ces pis-aller déçoivent les poètes qui, à l'instar de Cendrars et d'Apollinaire, s'étaient dans un premier temps intéressés aux expériences dramatistes. En tout état de cause, Barzun ne parvient pas à rompre avec une certaine forme d'idéalisme. Le dogmatisme du poète alimente la méfiance qu'engendrent ses œuvres. Le Dramatisme n'est pas le groupement unificateur que l'on attend.

B – Le souffle de l'Esprit nouveau

Ni mégalomanes, ni grégaires, ni individualistes, quelques poètes se regroupent sans prétendre imposer leur loi. Ils sont unis par l'amitié et l'enthousiasme créateur. Leur but commun est de montrer que la poésie moderne ne sort pas des théories grandiloquentes mais du patient travail de la création. Ils estiment que la poésie moderne ne peut se développer par la destruction, comme l'affirment les avant-gardes, ni par reproduction des formes anciennes, comme le préconisent les Néo-classiques. Pour être viable, la poésie doit être consciente de son héritage et authentiquement inventive.

Quand il publie *Alcools* en 1913, Apollinaire n'est pas un inconnu. Il a déjà fait paraître *Le Bestiaire* (1911) et deux volumes de prose (*L'Enchanteur pourrissant*, 1909 ; *L'Hérésiarque et Cie*, 1910). Critique d'art et critique littéraire, ardent défenseur des Cubistes, il écrit dans divers journaux et revues. En 1903, il crée *Le Festin d'Ésope*, revue qu'il met à la disposition de ses amis : André Salmon, Max Jacob, Nicolas Deniker et John-Antoine Nau (qui reçoit le premier prix Goncourt cette année-là). En 1912, il fonde *Les Soirées de Paris* et s'assure les collaborations de Cendrars, de Jacob, de Salmon, des Fantaisistes. La revue propose des reproductions de toiles et de sculptures (Matisse, le douanier Rousseau, les Cubistes, Picabia, Archipenko...). Apollinaire est certainement l'esprit le plus ouvert de son temps. Indépendant et généreux, il salue toutes les tentatives nouvelles. Préférant la fraternité et la solidarité aux querelles de chapelle, il parvient à trouver le dénominateur commun à toutes les recherches contemporaines. Les jeunes artistes voient en lui un porte-parole et un animateur dépourvu de dogmatisme. Personne, sans doute, n'a mieux que lui réussi à formuler et à incarner l'Esprit nouveau.

Pour Apollinaire, la tradition poétique est essentielle à la création. Les poèmes les plus anciens d'*Alcools* (1913) témoignent d'une inspiration symboliste déjà pervertie par la nouveauté des images et par l'humour. L'œuvre d'Apollinaire conserve toujours vivace le souvenir de la poésie traditionnelle : amour malheureux, fuite du temps, souvenir, élégie... Mais le poète renouvelle cette inspiration grâce à l'audace des images, à la suppression de la ponctuation et au fonctionnement prosodique. Il utilise toutes sortes de vers. Son vers libre sait garder la trace des cadences classiques ; son vers régulier joue sur l'ellision et sur les relations entre le rythme et la syntaxe. Ici, le poète coupe un vers en deux :

> Sous le pont Mirabeau coule la Seine
> Et nos amours
> Faut-il qu'il m'en souvienne
> La joie venait toujours après la peine

Là, il préfère l'assonance à la rime et la séquence à la strophe ; là encore, il propose un vers à scansion multiple. Ainsi, « Vêtus de hoquetons et jouant de l'harmonica » (« Les Colchiques », *Alcools*) peut être considéré comme un vers libre ou comme un alexandrin. L'ouverture de « Zone » (*Alcools*) exprime le rejet du passé : « À la fin tu es las de ce monde ancien ». Mais si l'on fait la diérèse, ce vers est un alexandrin classique !

Apollinaire trouve des solutions originales aux problèmes modernes de la simultanéité et du dynamisme. Contrairement à Barzun ou à Romains, il estime vain de recourir à l'artifice de l'accolade ou de la diction : il faut, préconise-t-il, que l'idée de simultanéité naisse dans la linéarité de la page. Pour ce faire, il utilise le collage et la rupture. « Zone » juxtapose les personnes verbales, les lieux et les temps pour exprimer la quête de soi.

> Te voici à Marseille au milieu des pastèques
>
> Te voici à Coblence à l'hôtel du Géant
>
> Te voici à Rome assis sous un néflier du Japon
>
> Te voici à Amsterdam avec une jeune fille que tu trouves belle et qui est laide
> Elle doit se marier avec un étudiant de Leyde
> On y loue des chambres en latin Cubicula locanda
> Je m'en souviens j'y ai passé trois jours et autant à Gouda

Le calembour permet également de faire voisiner différents sens et différents tons. Dans la plupart de ses poèmes, Apollinaire réutilise des fragments anciens qu'il déplace et réinsère dans un autre contexte afin de mettre en relation des éléments et des époques hétérogènes. « Les Fenêtres » (*Calligrammes*) fonctionne sur des contrastes brusques et des évocations colorées, qui sont un hommage à la peinture de Robert Delaunay, et non une imitation de sa technique picturale.

> **Calligrammes**, 1918
> Apollinaire
>
> LES FENÊTRES
>
> Du rouge au vert tout le jaune se meurt
> Quand chantent les aras dans les forêts natales
> Abatis de pihis
> Il y a un poème à faire sur l'oiseau qui n'a qu'une aile
> Nous l'enverrons en message téléphonique
> Traumatisme géant
> Il fait couler les yeux
> Voilà une jolie jeune fille parmi les jeunes Turinaises
> Le pauvre jeune homme se mouchait dans sa cravate blanche
> Tu soulèveras le rideau
> Et maintenant voilà que s'ouvre la fenêtre
> Araignées quand les mains tissaient la lumière
> Beauté pâleur insondables violets
> [...]

Pour Apollinaire, la poésie est une quête perpétuelle. En inventant le calligramme, il expérimente une nouvelle simultanéité. Il s'agit d'une forme poétique à la fois visuelle et auditive : les mots, les phrases et les vers sont agencés de manière à former un dessin qui coïncide avec ce qui se dit. Mais le calligramme n'est pas une illustration ou un idéogramme ; il lie intimement la forme, le sens et le son. Il combine la linéarité de la lecture et la simultanéité du dessin, la succession et la spatialisation (*Calligrammes*, 1918).

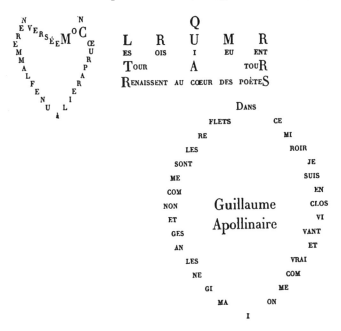

« Cœur couronne et miroir », *Calligrammes* (1918), Apollinaire

Apollinaire n'est pas un classique moderne ou inversement. Il ne se limite pas à faire la synthèse de la tradition et de l'invention. Pour le poète, « la surprise est le grand ressort du nouveau » (conférence *L'Esprit nouveau et les poètes*, 1917). En effet, l'inconnu et le nouveau ne peuvent surgir qu'à l'horizon du connu et de l'ancien. Le poète nouveau, en combinant des éléments préexistants, invente de nouvelles réalités et confère à la poésie les pouvoirs du Phénix. Les dérèglements provoqués par les calembours, les ruptures, les décalages, la réactivation des clichés et les associations inattendues créent la surprise moderne. Le poète enregistre tous les mouvements de la vie et, grâce aux pouvoirs de l'imagination et du langage poétique, il invente la réalité et ordonne le chaos. En rompant avec l'imitation de la nature, il atteint la vérité et connaît l'ivresse poétique :

> Écoutez-moi je suis le gosier de Paris
> Et je boirai encore s'il me plaît l'univers
> Écoutez mes chants d'universelle ivrognerie
> (« Vendémiaire », *Alcools*)

Ces principes définissent le « surréalisme », terme que le poète invente en 1917 pour expliquer la poétique de sa pièce *Les Mamelles de Tirésias* : « Quand l'homme a voulu imiter la marche, il a créé la roue qui ne ressemble pas à une jambe. Il a fait du surréalisme sans le savoir ». Mais s'il estime que l'œuvre s'affranchit du réalisme et fonctionne selon ses lois propres, Apollinaire ne la considère pas comme entièrement autonome et auto-référentielle. Il reste attaché à l'expérience personnelle, qui constitue le point de départ essentiel de la création.

Dans sa conception de la poésie, Max Jacob va plus loin qu'Apollinaire. Les poèmes en prose des *Œuvres burlesques et mystiques de frère Matorel* (1912) et du *Cornet à dés* (1917) montrent son goût pour les collages, les jeux de mots et les coq-à-l'âne. La rupture, authentique instrument de création, permet au poète de tisser de nouvelles liaisons entre les mots et les images. Ceux-ci s'associent selon des principes poétiques et non selon la logique ou le réalisme. Le rêve symboliste est remplacé par les suggestions de l'inconscient et du langage. Quoique proche de l'automatisme surréaliste, la poésie de Max Jacob se fonde sur une discipline toute classique. Le vocabulaire et la syntaxe sont simples, voire prosaïques ; la construction est claire et rigoureuse. Les sonorités ne cherchent pas à suggérer l'euphonie ; elles créent le sens. Jeux de langage et associations d'idées n'expriment pas la réalité mais l'inventent. Que son point de départ soit réel ou imaginaire, le poème se développe selon ses lois propres :

LE CYGNE (GENRE ESSAI PLEIN D'ESPRIT)
Le cygne se chasse en Allemagne, patrie de Lohengrin. Il sert de marque à un faux-col dans les pissotières. Sur les lacs, on le confond avec les fleurs et on s'extasie, alors, sur sa forme de bateau ; d'ailleurs, on le tue impitoyablement pour le faire chanter. La peinture utiliserait volontiers le cygne, mais nous n'avons plus de peinture. Quand il a eu le temps de se changer en femme avant de mourir, sa chair est moins dure que dans le cas contraire : les chasseurs l'estiment davantage alors. Sous le nom d'eider, les cygnes

aidèrent à l'édredon. Et cela ne lui va pas mal. On appelle hommes-cygnes ou hommes insignes les hommes qui ont le cou long comme Fénelon, cygne de Cambrai. Etc. (Max Jacob, *Le Cornet à dés*)

Avec Jacob, la poésie devient autonome. Chaque poème est un acte poétique pur : « Une œuvre d'art vaut par elle-même et non par les confrontations qu'on en peut faire avec la réalité » (Préface du *Cornet à dés*). Jacob dégage la poésie du référent, comme Kandinsky et les peintres abstraits s'affranchissent du figuratif. Mais sa poésie n'est pas abstraite. En réfléchissant à ses formes et à ses moyens, en liant le sentiment au langage sous les auspices de la création et non de la représentation, la poésie réalise son essence, telle que la conçoivent la modernité et l'Esprit nouveau.

C – La relève (épilogue)

Après le choc de la déclaration de guerre, une fois passées les premières années du conflit, le monde littéraire renaît et voit éclore une nouvelle génération. Les jeunes poètes qui se mettent à écrire se tournent vers leur maître Apollinaire. Ils se réclament de l'Esprit nouveau. Pierre Albert-Birot fonde la revue *SIC* en 1916 ; il élabore la synthèse des différentes aspirations modernes et la baptise Nunisme (du grec νυν, *maintenant*). À la suite d'Apollinaire, Albert-Birot considère que l'invention appartient à la tradition, puisqu'il est dans la tradition poétique d'inventer perpétuellement de nouvelles formes. Pierre Reverdy, qui a fréquenté le Bateau-Lavoir, fonde en 1917 la revue *Nord-Sud*, dont le nom fait référence à la ligne de chemin de fer métropolitain qui relie Montmartre à Montparnasse. Dans *Poèmes en prose* (1915) ou *La Lucarne ovale* (1916), il questionne les rapports de la parole poétique au silence et au réel. Reverdy ne conçoit pas la vie comme ses aînés. Il estime qu'elle se dérobe sans cesse et que seule la poésie permet de tisser un lien entre le poète et la réalité absente.

> ***Poèmes en prose*, 1915**
> Pierre Reverdy
>
> DES ÊTRES VAGUES
>
> Une honte trop grande a relevé mon front. Je me suis débarrassé de ces encombrantes guenilles et j'attends.
> Vous attendez aussi mais je ne sais plus quoi. Pourvu que quelque chose arrive. Tous les yeux s'allument aux fenêtres, toute la jalousie de nos rivaux recule au seuil des portes. Pourtant s'il n'allait rien venir.
> À présent je passe entre les deux trottoirs ; je suis seul, avec le vent qui m'accompagne en se moquant de moi. Comment fuir ailleurs que dans la nuit.
> Mais la table et la lampe sont là qui m'attendent et tout le reste est mort de rage sous la porte.

Jean Cocteau, qui a révélé ses dons précoces à vingt ans avec *La Lampe d'Aladin* (1909), publie *Le Cap de Bonne-Espérance* en 1919. Dans ce recueil plein de ruptures, de collages et d'images audacieuses, le poète se montre fasciné par l'aviation. Mais il se situe au-delà de la mode littéraire : le thème lui permet d'exprimer poétiquement sa conception de la poésie comme traversée des apparences et comme passage d'un monde à l'autre. L'avion devient un avatar de l'Ange, qui ne cessera, par la suite, d'habiter l'œuvre de Cocteau.

> [...]
> Péninsule
> de hauteur
>
> Prisonnier sur parole de la terre
> à quatre mille de hauteur
> à l'infini de profondeur
>
> Un cerf-volant de ton enfance
> soudain sans fil tu t'émancipes
> assis dessus
>
> De ta main d'ours Garros
> alors
> tu me signales quelque chose
>
> et je me suis penché au bord du gouffre
> et j'ai vu Paris sur la terre
> [...]
> (« L'invitation à la mort, premier vol avec Garros ; appel de la terre »)

André Breton rencontre Louis Aragon et Philippe Soupault en 1917 ; en 1918, il songe à créer avec eux une nouvelle revue. Depuis 1913, il écrit des poèmes qu'il fera paraître en 1919 dans le recueil *Mont de piété*. Sa poésie, qui ne s'est pas encore dégagée de l'influence de Mallarmé, de Rimbaud et d'Apollinaire, fait déjà preuve d'innovation avec ses collages, ses détournements et ses ellipses :

> COQS DE BRUYÈRE
>
> Coqs de bruyère... et seront-ce coquetteries
> de péril
> ou de casques de couleur de quetsche ?
> Oh ! surtout
> qu'elle fripe un gant de Suède chaud
> soutenant quels
> feux de Bengale gâteries !
>
> Au Tyrol, quand les bois se foncent, de tout
> l'être abdiquant un
> destin
> digne, au plus, de chromos savoureux,
> mon
> remords : sa rudesse, des maux,
> je dégage les capucines de sa lettre.

À Zurich, Tristan Tzara entre en scène au cabaret Voltaire. Le mouvement dada, né en 1916, incarne désormais l'avant-garde la plus moderne et enthousiasme le jeune Breton.

Une page de l'histoire littéraire se tourne. La jeune génération déploie une audace et une créativité inconnues. Qu'ils reconnaissent leur dette envers les aînés ou qu'ils rejettent les anciennes valeurs, les jeunes poètes se sentent des ambitions nouvelles. Le monde autour d'eux a changé brusquement ; de nouvelles préoccupations morales et poétiques s'imposent à leur conscience.

Fruit des expériences de l'Esprit nouveau, la poésie d'après-guerre redécouvre les poètes maudits ; Apollinaire, mort en 1918, renaît au cœur des poètes. Le monde poétique renoue avec la domination d'un mouvement poétique fort. Pendant que le Surréalisme fait ses premières passes d'armes, Jacob, Reverdy et Cocteau poursuivent leurs expériences personnelles. L'aventure continue…

Repères chronologiques

	LETTRES	ARTS
1851		• Courbet, *Un enterrement à Ornans*
1852	• Gautier, *Émaux et camées* • Leconte de Lisle, *Poèmes antiques*	
1853	• Hugo, *Les Châtiments*	• Courbet, *Les Baigneuses*
1854	• Nerval, *Les Filles du feu*, *Les Chimères*	
1855	• Nerval, *Aurélia*	• Berlioz, *Les Troyens*
1856	• Hugo, *Les Contemplations*	
1857	• Baudelaire, *Les Fleurs du mal* • Banville, *Odes funambulesques* • Flaubert, *Madame Bovary*	• Millet, *Les Glaneuses*
1859	• Mistral, *Mireille* • Hugo, *La Légende des siècles* (⇒ 1883)	• Gounod, *Faust*
1860	• Baudelaire, *Les Paradis artificiels*	• Daumier, *L'Amateur d'estampes* • Millet, *Angélus*
1862	• Leconte de Lisle, *Poèmes barbares* • Hugo, *Les Misérables*	
1863	• Mendès, *Philomela*	• Ingres, *Le Bain turc* • Manet, *Le Déjeuner sur l'herbe* • Rossetti, *Beata Beatrix*
1864	• Dierx, *Poèmes et poésies* • Vigny, *Les Destinées*	
1865	• Les Goncourt, *Germinie Lacerteux*	• Boudin, *La Plage de Trouville* • Manet, *Olympia* • Wagner, création de *Tristan et Isolde*
1866	• Coppée, *Le Reliquaire* • Prudhomme, *Les Épreuves* • Verlaine, *Poèmes saturniens* • 1er *Parnasse contemporain*	• Offenbach, *La Vie parisienne*
1867	• Arène et Daudet, *Le Parnassiculet contemporain*	
1869	• Baudelaire, *Petits Poèmes en prose* • Coppée, *Le Passant* • Lautréamont, *Les Chants de Maldoror* • Verlaine, *Fêtes galantes*	• Carpeaux, *La Danse* • Franck, *Les Béatitudes* (⇒ 1879) • Wagner, *L'Or du Rhin*
1871	• 2nd *Parnasse contemporain* • Mallarmé, « Hérodiade » • Zola, *La Fortune des Rougon* (début des *Rougon-Macquart* ⇒ 1893)	• Cézanne, *L'Estaque* • Duparc, *L'Invitation au voyage*

V – La gestation de l'avenir

1872		• Degas, *Le Foyer de la danse à l'Opéra* • Fantin-Latour, *Un coin de table*
1873	• Corbière, *Les Amours jaunes* • Cros, *Le Coffret de santal* • Rimbaud, *Une saison en enfer*	
1874	• Verlaine, *Romances sans paroles* • Barbey d'Aurevilly, *Les Diaboliques*	• Première exposition des Impressionnistes (Boudin, Degas, Cézanne, Renoir, Guillaumin, Monet, Morisot, Pissaro, Sisley) • Monet, *Impression, soleil levant* • Whistler, *Nocturne en noir et or*
1875	• Coppée, *Promenades et intérieurs*	• Bizet, *Carmen* • Saint-Saëns, *La Danse macabre*
1876	• 3ᵉ *Parnasse contemporain* • Mallarmé, « L'Après-midi d'un faune » • Ménard, *Rêveries d'un païen mystique* • Richepin, *La Chanson des gueux*	• Inauguration de Bayreuth avec *La Tétralogie* • Moreau, *Salomé* ; *L'Apparition* • Renoir, *Le Moulin de la Galette*
1877	• Flaubert, *Trois contes* • Goncourt, *La Fille Élisa*	• Rodin, *L'Âge d'airain*
1879	• Vallès, *L'Enfant* • Loti, *Aziyadé*	• Puvis de Chavannes, *Pro patria ludus* • Redon, *Dans le rêve* (lithographies)
1880	• Zola, *Le Roman expérimental*	• Rodin, *Le Penseur*
1881	• France, *Le Crime de Sylvestre Bonnard* • Verlaine, *Sagesse*	
1883	• Maupassant, *Une vie* • Rollinat, *Les Névroses* • Villiers de l'Isle-Adam, *Contes cruels*	• Delibes, *Lakmé* • Monet, *La Mer à Étretat*
1884	• Huysmans, *À rebours* • Moréas, *Les Syrtes* • Péladan, *Le Vice suprême* • Verlaine, *Jadis et naguère* ; *Les Poètes maudits*	• Degas, *Les Repasseuses* • Franck, *Prélude, choral et fugue* • Massenet, *Manon* • Premier salon des Indépendants
1885	• Laforgue, *Les Complaintes* • Mallarmé, « Prose pour des Esseintes » • Maupassant, *Bel-Ami*	
1886	• Bloy, *Le Désespéré* • Ghil, *Traité du Verbe* • Moréas, *Manifeste du Symbolisme* ; *Les Cantilènes* • Rimbaud, *Illuminations* • Villiers de l'Isle-Adam, *L'Ève future*	• Bartholdi, *La Liberté* • Dernière exposition des Impressionnistes • Redon, *La Tentation de saint Antoine* • Saint-Saëns, *Le Carnaval des animaux*
1887	• Fondation du Théâtre Libre par Antoine • Khan, *Les Palais nomades* • Mallarmé, *Poésies*	• Cézanne, *Nature morte à la commode* • Fauré, *Requiem* • Van Gogh, *Le Père Tanguy* • Verdi, *Otello*
1888	• Dujardin, *Les lauriers sont coupés*	• Satie, *Gymnopédies* • Debussy, *Ariettes oubliées* • Ensor, *L'Entrée du Christ à Bruxelles*

1889	• Bourget, *Le Disciple* • Claudel, *Tête d'or* • Maeterlinck, *Serres chaudes*	• Exposition universelle de Paris, la Tour Eiffel • Van Gogh, *La Nuit étoilée*
1890	• France, *Thaïs*	• Monet, *Les Meules* • Toulouse-Lautrec, *La Danse du Moulin Rouge* • Tchaïkovski, *La Dame de pique*
1891	• Gide, *Traité du Narcisse* ; *Les Cahiers d'André Walter* • Valéry, « Narcisse parle »	• Seurat, *Le Cirque*
1892	• Maeterlinck, *Pelléas et Mélisande* • Rodenbach, *Bruges-la-morte*	• Cézanne, *Baigneuses*
1893	• Heredia, *Les Trophées* • Saint-Pol-Roux, *Les Reposoirs de la Procession* • Samain, *Au jardin de l'infante*	• Denis, *Les Muses* • Monet, début de la série des *Cathédrales de Rouen* • Munch, *Le Cri* • Puccini, *Manon Lescaut*
1894	• Schwob, *Le Livre de Monelle* • Renard, *Poil de carotte*	• Debussy, *Prélude à l'Après-midi d'un faune*
1895	• Louÿs, *Les Chansons de Bilitis* • Verhaeren, *Les Villes tentaculaires* • Vielé-Griffin, *Poèmes et poésies*	• Cézanne, *Onze études de la Montagne Sainte-Victoire*
1896	• Jarry, *Ubu roi* • Le Blond, *Manifeste du Naturisme* • Valéry, *La Soirée avec Monsieur Teste* • Proust, *Les Plaisirs et les jours*	• Mahler, *Troisième Symphonie*
1897	• Barrès, *Les Déracinés* • Fort, *Ballades françaises* (⇒ 1958) • Gide, *Les Nourritures terrestres* • Mallarmé, *Un coup de dés*	• Dukas, *L'Apprenti sorcier* • Gauguin, *Noa-Noa* • Matisse, *La Desserte* • Zola et Bruneau, *Messidor*
1898	• Jammes, *De l'angélus de l'aube à l'angélus du soir*	• Fauré, *Suite pour Pelléas et Mélisande*
1899	• Moréas, *Les Stances* (⇒ 1901)	• Debussy, *Nocturnes*
1900	• Claudel, *Connaissance de l'Est*	• Maillol, *Femme assise*
1901	• Claudel, *L'Échange* • De Noailles, *Le Cœur innombrable*	• Ravel, *Jeux d'eau*
1902	• Régnier, *La Cité des eaux* • Verhaeren, *Les Forces tumultueuses*	• Debussy, *Pelléas et Mélisande* • Méliès, *Le Voyage dans la lune*
1904	• Nouveau, *Savoir aimer* • Rolland, *Jean-Christophe* (⇒1912)	
1905		• Debussy, *La Mer* • Exposition des Fauves à Paris (Matisse, Derain, de Vlaminck) • Fondation de Die Brücke à Dresde (Kirchner, Bleyl, Heckel, Schmidt-Rottluff) • Picasso, *Les Saltimbanques*

V – La gestation de l'avenir

1907	• Salmon, *Les Féeries*	• Picasso, *Les Demoiselles d'Avignon* • Matisse, *Nu bleu*
1908	• Colette, *Les Vrilles de la vigne* • Romains, *La Vie unanime*	• Debussy, *Children's corner*
1909	• Apollinaire, *L'Enchanteur pourrissant* • Cocteau, *La Lampe d'Aladin* • Marinetti, *Manifeste du futurisme*	• Rousseau, *La Muse inspirant le poète* • Les ballets russes de Diaghilev à Paris
1910	• Claudel, *Cinq grandes odes* • Péguy, *Le Mystère de la charité de Jeanne d'Arc*	• Delaunay, série des *Tour Eiffel*
1911	• Saint-John Perse, *Éloges* • Apollinaire, *Le Bestiaire ou cortège d'Orphée*	• Les Cubistes au Salon des Indépendants • Fondation du *Blaue Reiter* à Munich (Kandinsky, Marc, Münter) • Strauss, *Le Chevalier à la rose*
1912	• Cendrars, *Les Pâques à New York* • Jouve, *Présences*	• Delaunay, série des *Fenêtres* • Duchamp, *Nu descendant l'escalier* • Schönberg, *Pierrot lunaire*
1913	• Alain-Fournier, *Le Grand Meaulnes* • Apollinaire, *Alcools* • Cendrars, *La Prose du Transsibérien* • Larbaud, *A.O. Barnabooth* • Martin du Gard, *Jean Barois* • Proust, *Du côté de chez Swann*	• Braque, *Femme à la guitare* • Chirico, *L'Incertitude du poète* • Feuillade, *Fantômas* • Stravinsky, *Le Sacre du printemps*
1915	• Rolland, *Au-dessus de la mêlée*	• De Falla, *L'Amour sorcier* • Griffith, *Naissance d'une nation* • Malevitch, *Manifeste du suprématisme*
1916	• Barbusse, *Le Feu* • Naissance de Dada à Zurich • Reverdy, *La Lucarne ovale*	
1917	• Albert-Birot, *31 Poèmes de poche* • Apollinaire, *Les Mamelles de Tirésias* • Éluard, *Le devoir et l'inquiétude* • Jacob, *Le Cornet à dés* • Soupault, *Aquarium* • Valéry, *La Jeune Parque*	• Cocteau, Picasso, Satie, *Parade* • Fondation de *de Stilj* à Leyde (Mondrian, Van Doesburg) • Modigliani, *Nu couché*
1918	• Apollinaire, *Calligrammes* • Mac Orlan, *Le Chant de l'équipage* • Tzara, *Manifeste Dada*	• Fondation du Groupe des Six (Auric, Milhaud, Poulenc, Durey, Honegger, Taillefer) • Malevitch, *Carré blanc sur fond blanc*

Bibliographie sélective

■ Ouvrages généraux

- BANCQUART M.-C. et CAHNE P., *Littérature française du XXe siècle*, P.U.F., 1992 (coll. « Premier cycle »).
- LEMAÎTRE H., *La Poésie depuis Baudelaire*, Colin, 7e éd. 1993 (coll. « U »).
- LEUWERS D., *Introduction à la poésie moderne et contemporaine*, avec la collab. de J.-L. Backès, Bordas, 1990.
- *Littérature française*, sous la dir. de C. Pichois, Arthaud :
  13 : *Le Romantisme*, II : 1843-1869. par C. Pichois, 1973.
  14 : *Le Romantisme*, III : 1869-1896. par R. Pouilliart, 1968.
  15 : *Le XXe siècle*, I : 1896, 1920. par P.-O. Walzer, 1975.
- *Manuel d'histoire littéraire de la France*, sous la dir. de P. Abraham et R. Desne, Éditions sociales :
  V : *1848-1913*, coordination assurée par C. Duchet, 1977.
  VI : *1913-1971*, coordination assurée par A. Daspre et M. Décaudin, 1982.
- MICHEL A. et al., *Littérature française du XIXe siècle*, P.U.F., 1993 (coll. « Premier cycle »).
- RAYMOND M., *De Baudelaire au surréalisme*, Corti, nouvelle éd. 1985.
- REY P.-L., *La Littérature française du XIXe siècle*, Colin, 1993 (coll. « Cursus »).
- SABATIER F., *Miroirs de la musique* : la musique et ses correspondances avec la littérature et les beaux-arts, 1800-1950, Fayard, 1995.

■ Principales anthologies

- *Anthologie de la poésie française du XIXe siècle*, II : de Baudelaire à Saint-Pol-Roux. éd. de M. Décaudin, Gallimard, 1992 (coll. « Poésie » n° 263).
- *Anthologie de la poésie française du XXe siècle* : de Paul Claudel à René Char. préface de C. Roy, éd. de M. Décaudin, Gallimard, 1983 (coll. « Poésie » n° 168).
- *La Poésie parnassienne*, par L. Decaunes, Seghers, 1977.
- *La Poésie symboliste*, par B. Delvaille, Seghers, 1971.
- *Le Parnasse contemporain*, recueil de vers nouveaux, Lemerre, 1866, 1871, 1876.
- *Les Poètes du Chat Noir*, par A. Velter, Gallimard, 1996 (coll. « Poésie » n° 302).
- *Les Poètes fantaisistes*, par M. Décaudin, Seghers, 1982.
- *L'Esprit fumiste et les rires fin de siècle*, par D. Grojnowski et B. Sarrazin, Corti, 1990.
- *Poètes d'aujourd'hui*, par P. Léautaud et A. Van Bever (1900), Mercure de France, dernière éd. en 3 vol., 1927.

■ Le Parnasse

- ARÈNE P. et DAUDET A., *Le Parnassiculet contemporain*, 1867.
- *Bulletin des études parnassiennes et symbolistes*, ALDRUI, 40, rue Gerland, 69007 Lyon.
- MARTINO P., *Parnasse et Symbolisme*, Armand Colin, 1967 (coll. « U2 »).
- MENDES C., *La Légende du Parnasse contemporain*, Bruxelles, A. Brancart, 1884. *Le Mouvement poétique français de 1867 à 1900* (1902), Slatkine reprints, 1993.
- RACOT A., *Mémoires d'un Parnassien* (1875), Lettres modernes, 1967 (coll. « Avant-siècle » 1).
- RICARD L.-X. (de), *Petits Mémoires d'un Parnassien* (1898-1900), Lettres modernes, 1967 (coll. « Avant-siècle » 1).

■ La Décadence et le Symbolisme

- BEAUCLAIR H. et VICAIRE G., *Les Déliquescences d'Adoré Floupette* (1885), introduzione di S. Cigada, Cisalpino-Goliardica, Milan, 1972.
- CASSOU J. et al., *Encyclopédie du symbolisme*, Somogy, 1979.
- GOURMONT R. (de), *Le Livre des masques*, Mercure de France, 1898.
- HURET J., *Enquête sur l'évolution littéraire* (1891), Thot, 1982.
- JUIN H., *Écrivains de l'avant-siècle*, Seghers, 1972 (coll. « L'Archipel »).
- MARCHAL B., *Lire le symbolisme*, Dunod, 1993.
- MARQUEZE-POUEY L., *Le Mouvement décadent en France*, P.U.F., 1986 (coll. « Littératures modernes »).
- MICHAUD G., *Message poétique du symbolisme*, Nizet, nouvelle éd. en un volume, 1966.
- MORIER H., *Le Rythme du vers symboliste* : Verhaeren, Henri de Régnier, Vielé-Griffin, 3 vol., Genève, Droz, 1941.
- DE PALACIO J., *Figures et formes de la décadence*, Séguier, 1994.
- PIERROT J., *L'Imaginaire décadent, 1880-1900*, P.U.F., 1977.
- RAYNAUD E., *La Mêlée symboliste*, 3 t., La Renaissance du livre, 1918-1922.
- RICHARD N., *À l'aube du symbolisme* : Hydropathes, Fumistes et Décadents, Nizet, 1961 ; *Le Mouvement décadent* : Dandys, esthètes et quintessents. Nizet, 1968 ; *Profils symbolistes*, Nizet, 1978.
- VERLAINE P., *Les Poètes maudits* (1884-1888), *Les Hommes d'aujourd'hui* (1885-1893), in : *Œuvres en prose complètes*, Gallimard, 1972 (coll. « Bibliothèque de la Pléiade » n° 239).
- WALZER P.-O., *La Révolution des Sept* (Lautréamont, Mallarmé, Rimbaud, Corbière, Cros, Nouveau, Laforgue), Neuchâtel, Éd. de la Baconnière, 1970.

■ La poésie du début du XXe siècle

- *L'Année 1913* : les formes de l'esthétique à la veille de la première guerre mondiale. Travaux et documents inédits réunis sous la dir. de L. Brion-Guerry, 3 t., Klincksieck, 1971-1973.
- BERGMAN P., « *Modernolatria* » *et* « *Simultaneità* » : recherches sur deux tendances de l'avant-garde littéraire en Italie et en France à la veille de la première guerre mondiale. Studium Litterarum Upsaliensa II, Svenska Boförlaget-Bonniers, 1962.
- DECAUDIN M., *La Crise des valeurs symbolistes* : vingt ans de poésie française, 1895-1914, Slatkine, denière éd. 1981.
- *L'Esprit N.R.F., 1908-1940*, éd. de P. Hebey, Gallimard, 1990.
- FLORIAN-PARMENTIER, *Histoire contemporaine des lettres françaises, de 1885 à 1914*, Figuière, s. d.
- SOMVILLE L., *Devanciers du surréalisme* : les groupes d'avant-garde et le mouvement poétique français, 1912-1925, Droz, 1971.

Index

A

Alain-Fournier : 113
Albert-Birot : 107, 113
Alexis : 50
Allais : 39, 41, 44
Anacréon : 25
Ancelot : 9
Antoine : 111
Apollinaire : 3, 13, 41, 68, 69, 72, 73, 76, 77, 81, 83, 85, 90, 94, 96, 99, 100, 102, 103, 104, 106, 107, 108, 109, 113
Aragon : 108
Archipenko : 103
Arcos : 92
Arène : 29, 42, 110, 115
Auric : 113

B

Baïf : 79
Baju : 48
Banville : 7, 8, 9, 12, 13, 17, 20, 24, 25, 26, 27, 28, 40, 67, 71, 110
Barbey d'Aurevilly : 17, 111
Barbusse : 113
Barrès : 35, 112
Bartholdi : 111
Barzun : 92, 102, 103, 104
Baudelaire : 7, 12, 13, 17, 24, 28, 32, 44, 51, 52, 53, 55, 77, 110, 114
Beauclair : 8, 42, 45, 115
Beauduin : 102
Béranger : 23, 40

Bergerat : 29
Bergson : 90, 91, 92
Bergson : 91
Berlioz : 110
Bernard : 80, 81, 85
Bizet : 111
Bleyl : 112
Bloy : 111
Bois : 60
Boudin : 110, 111
Bouhélier : 87, 88
Bouilhet : 9
Bourget : 112
Braque : 99, 113
Breton (Jules) : 25
Breton (André) : 108, 109
Bruant : 39
Bruneau : 112

C

Callias : 8
Camões : 11
Caran d'Ache : 39
Carco : 85
Carpeaux : 110
Catulle-Mendès (Jane) : 72
Cazalis : 19, 27, 54
Cendrars : 68, 69, 89, 90, 95, 96, 97, 103, 113
Cérusier : 60
Cézanne : 110, 111, 112
Chabaneix : 85
Champfleury : 9
Chénier : 14, 17
Chennevière : 92, 94
Chesterton : 81

Chirico : 113
Christophe : 67
Cladel : 9
Claudel : 74, 81, 82, 83, 84, 112, 113, 114
Claudien : 85
Cocteau : 108, 109, 113
Colet : 9
Colette : 72
Comte : 21
Coppée : 7, 8, 12, 13, 17, 23, 25, 26, 39, 42, 110, 111
Coran : 8
Corbière : 36, 37, 38, 111, 115
Courbet : 110
Cousin : 27
Creuzer : 22
Cros : 8, 26, 27, 36, 38, 39, 40, 45, 111, 115

D

Daudet : 29, 42, 110, 115
Dauguet : 72
Daumier : 13, 25, 110
De Falla : 113
Debussy : 63, 73, 111, 112, 113
Degas : 111
Delarue-Mardrus : 72
Delaunay (Sonia) : 96
Delaunay (Robert) : 99, 104, 113
Delibes : 111
Deniker : 103
Denis : 60, 112
Derain : 112
Derème : 85
Desbordes-Valmore : 36

Deschamps : 9
Diaghilev : 113
Dierx : 7, 9, 11, 13, 36, 110
Dostoïevsky : 81
Du Bellay : 79
Duhamel : 92
Dujardin : 49, 61, 111
Dukas : 112
Duparc : 110
Durey : 113
Durkheim : 72

E

Eiffel : 65, 67
Elskamp : 50
Éluard : 113
Ensor : 111
Essarts : 8

F

Fantin-Latour : 111
Fargue : 81
Fauré : 63, 111, 112
Fertiault : 8
Feuillade : 113
Flaubert : 13, 110, 111
Florian-Parmentier : 91, 115
Fort : 64, 75, 76, 112
France : 8, 27, 111, 112
Franck : 110, 111
Frapié : 77

G

Gauguin : 112
Gautier : 3, 5, 7, 9, 10, 11, 12, 13, 14, 17, 20, 24, 26, 27, 29, 110
Gavarni : 25
Ghil : 59, 62, 63
Gide : 64, 76, 81, 88, 102, 112
Glatigny : 8, 13, 26, 27
Gleizes : 92
Goethe : 64
Goncourt : 13, 67, 110, 111
Goudeau : 39
Gounod : 65, 110
Gourmont : 77, 96, 115
Gregh : 88
Grenier : 24
Griffith : 113
Guaïta : 60
Guillaumin : 111

H

Heckel : 112
Heredia : 7, 9, 10, 11, 17, 18, 26, 71, 112

Hervilly : 9, 11, 19, 35
Honegger : 113
Houville : 71, 72
Hugo : 7, 10, 11, 13, 17, 20, 25, 27, 35, 36, 110
Huret : 18, 50, 115
Huysmans : 45, 52, 67, 111

I

Ingres : 110
Irlande : 43
Izambard : 8

J

Jacob : 24, 73, 85, 96, 103, 106, 107, 109, 113
James : 90
Jammes : 64, 74, 82, 83, 88, 112
Jarry : 71, 73, 112
Jouve : 92, 94, 113
Juvénal : 25

K

Kahn : 35, 46, 47, 56, 61, 77, 111
Kandinsky : 113
Kirchner : 112
Klingsor : 81
Krysinska : 61

L

La Fontaine : 85
La Tailhède : 79
Lacuzon : 75, 102
Lafenestre : 25
Laforgue : 37, 47, 48, 85, 92, 111
Lamartine : 9, 20, 35
Larbaud : 95, 96, 97, 113
Lautréamont : 38, 110
Le Blond : 87, 88, 112
Le Bon : 72
Le Cardonnel : 46, 80
Leconte de Lisle : 14, 17, 18, 19, 20, 21, 22, 23, 27, 29, 35, 61, 65, 71, 110
Lemaître : 58
Lemerre : 7, 8
Levet : 94
Lorrain : 39, 41, 44
Loti : 94, 111
Louÿs : 112

M

Mac Orlan : 113
Maeterlinck : 50, 62, 63, 76, 112

Mahler : 112
Maillol : 112
Malevitch : 113
Mallarmé : 3, 8, 12, 24, 32, 36, 39, 48, 49, 52, 53, 54, 57, 60, 62, 63, 64, 71, 75, 76, 81, 108, 110, 111, 112
Manet : 36, 110
Marc : 113
Marinetti : 92, 100, 113
Marot : 13
Martin du Gard : 113
Mary : 80
Massenet : 111
Matisse : 103, 112, 113
Maupassant : 65, 67, 111
Mauriac : 83
Maurras : 80, 88
Meissonnier : 65
Méliès : 112
Ménard : 9, 22, 23, 27, 29, 111
Mendès : 7, 8, 9, 13, 17, 18, 110
Mérat : 28, 35
Mercereau : 92
Merrill : 51, 52, 60, 62, 64, 76
Meusy : 40
Michel-Ange : 13
Mikhaël : 60
Milhaud : 113
Millet : 110
Milosz : 77
Mistral : 110
Mockel : 58
Modigliani : 113
Mondrian : 113
Monet : 111, 112
Monnier : 13
Montesquieu : 81
Montfort : 81, 86
Moréas : 39, 41, 44, 49, 50, 51, 56, 59, 62, 63, 64, 74, 76, 79, 80, 111, 112
Moreau : 34, 111
Morice : 49, 50
Morisot : 111
Muhlfeld : 64
Müller : 22
Munch : 112
Münter : 113
Musset : 9, 17, 35

N

Nau : 103
Nerval : 110
Nietzsche : 90, 91, 92
Noailles : 72, 112
Nouveau : 36, 39, 112

O

Œttingen : 71
Offenbach : 110
Orléans : 13
Ossian : 17

P

Papini : 101
Péguy : 84, 113
Péladan : 111
Pellerin : 85
Picabia : 73, 103
Picasso : 73, 99, 112, 113
Piedaguel : 8
Pigeon : 8
Pissaro : 111
Plessis : 25
Plessys : 48, 79
Poe : 17
Ponchon : 40, 41, 67
Popelin : 25
Poulenc : 113
Proust : 64, 112, 113
Prudhomme : 7, 9, 12, 21, 65, 110
Puccini : 112
Puvis de Chavannes : 6, 111

R

Rabelais : 40, 59
Rachilde : 72
Racot : 18
Ranson : 60
Ravel : 63, 112
Raynaud : 44
Redon : 60, 70, 111
Régnier : 37, 49, 58, 61, 64, 71, 76, 112
Renard : 112
Renoir : 111
Retté : 37, 88
Reverdy : 107, 109, 113
Ricard : 7, 8, 9, 15, 18, 20, 35
Richepin : 36, 37, 40, 111
Rictus : 40

Rieux : 79
Rilke : 81
Rimbaud : 8, 35, 36, 42, 55, 108, 111
Rodenbach : 50, 112
Rodin : 111
Rolland : 84, 112, 113
Rollinat : 8, 39, 44, 45, 46, 111
Romains : 77, 92, 93, 94, 97, 104, 113
Ronsard : 26, 79
Rossetti : 110
Rousseau (le douanier) : 103, 113
Royère : 76

S

Saint-Antoine : 33
Saint-John Perse : 81, 82, 113
Saint-Léger Léger : 81, 82
Saint-Point : 102
Saint-Pol-Roux : 63, 64, 88, 102, 112
Saint-Saëns : 111
Sainte-Beuve : 8
Salis : 39
Salmon : 73, 76, 103, 113
Samain : 37, 60, 112
Sardou : 65
Satie : 111, 113
Schmidt-Rottluff : 112
Schönberg : 113
Schopenhauer : 90
Schuré : 60
Schwob : 112
Segalen : 95
Seurat : 112
Shakespeare : 25, 81
Signoret : 88
Sisley : 111
Soupault : 108, 113
Spire : 81, 84
Stendhal : 23, 81
Strauss : 113
Stravinsky : 73, 113
Supervielle : 95

T

Tailhade : 39, 48
Taillefer : 113
Tarde : 72
Tchaïkovski : 112
Toulet : 85
Toulouse-Lautrec : 112
Trézenik : 39
Tzara : 109, 113

V

Vacquerie : 8, 9
Valade : 9
Valéry : 49, 76, 81, 112, 113
Vallès : 41, 111
Vallette : 72
Van Doesburg : 113
Van Gogh : 111, 112
Vérane : 85
Verdi : 43, 111
Verhaeren : 49, 50, 57, 58, 72, 74, 90, 102, 112
Verlaine : 3, 8, 9, 13, 15, 17, 18, 21, 26, 27, 32, 35, 36, 37, 39, 40, 43, 46, 47, 48, 54, 55, 61, 63, 71, 110, 111
Vicaire : 8, 42, 45
Vielé-Griffin : 49, 61, 64, 71, 77, 102, 112
Vigny : 35, 44, 110
Vildrac : 92
Villiers de l'Isle-Adam : 8, 36, 39, 41, 57, 59, 111
Villon : 25, 40, 59, 85
Visan : 91
Vivien : 72
Vlaminck : 112

W

Wagner : 63, 110
Whistler : 49, 111
Whitman : 61, 81, 90
Willy : 39, 43, 72

Z

Zola : 36, 87, 110, 111, 112

Table des matières

Avant-propos 3

Première partie
Les Parnassiens, fils prodigues du Romantisme

I – La naissance du *Parnasse contemporain* — 7
A – Pour la petite histoire 7
B – Les pères du Parnasse 9

II – Le Parnasse à l'œuvre — 17
A – Une nouvelle poésie ? 17
B – L'impassibilité parnassienne 18
C – Le divorce de l'art et du monde 20
D – Le culte de la Beauté 26

III – Le Parnasse à l'épreuve du temps — 31
• Repères chronologiques 31

Deuxième partie
Vers le Symbolisme

I – Une atmosphère de révolte et de liberté — 35

II – La sensibilité décadente — 39
A – La Muse au cabaret 39
Florilège fumiste 42
B – Mirages décadents 44

III – Le Symbolisme ou l'école qui n'existait pas — 49

A – L'ascendance des Symbolistes 50
B – Les valeurs symbolistes 56
   1 – L'autonomie de la poésie 56
   2 – Un néo-idéalisme 58
   3 – La quête formelle 61

Intermède : la Tour Eiffel d'un siècle à l'autre 65

Troisième partie
La naissance d'un Esprit nouveau

I – Le renouveau de la Belle Époque — 71

II – Survivances du Symbolisme — 75

III – Au confluent du classicisme et de la modernité — 79

A – Retour au classicisme 79
B – Recherches de synthèses 81

IV – Le chant du monde — 87

A – La tentative naturiste 87
B – Le monde moderne est poétique 89
   1 – L'expérience de l'Abbaye et l'Unanimisme 92
   2 – De l'exotisme au cosmopolitisme 94

V – La gestation de l'avenir — 99

A – Émergence de l'avant-garde 100
B – Le souffle de l'Esprit nouveau 103
C – La relève (épilogue) 107

Repères chronologiques — 110

Bibliographie sélective — 114

Index — 116

Aubin Imprimeur, 86240 Ligugé. — D.L. avril 1998. — Impr. L 55965